岩 波 文 庫

35-024-1

一　日　一　文

英知のことば

木 田　元 編

JN159283

はじめに

学生時代に詩や小説に読みふけり思想書を読みあさった人たちも、社会に出ると日々の仕事に追われて本などのぞく暇もなくなり、通勤電車のなかでスポーツ新聞や週刊誌に眼をとおすのが精いっぱい、ということになるものらしい。

だが、それではあまり淋しすぎはしないか。せめて一日に数行でもいい、心を洗われるような文章なり詩歌なりにふれて、豊かな気持で生きてもらいたい。一年三六六日に一文ずつを配して、そうした心の糧として役立つような本をつくれないだろうかという提案を、去年の暮に岩波書店から受けた。

敗戦後の荒涼たる日々に、放浪の旅の途上、どこかで拾った文芸雑誌の切れ端にすがりつくように読みふけり、心の渇きをいやした覚えのある私は、この提案に心から賛同し、岩波書店編集部OBの鈴木稔さんと同書店の編集者増井元さんに助けていただき、一年をかけてその作業をおこなってきた。

しかし、古今東西の名家の無数と言っていい文章や詩歌のなかから三六六篇を選び出すというのは容易な仕事ではなかった。この人ならこの一文といった極めつきもある。その人の思想や感性の端的にうかがわれる名文もある。そうしたものは落としにくい。だが、あまり有名なものやあまりに教訓的なものは採りたくない。むしろその人の意外な一面をうかがわせるものの方がいい、と絶えず基準が揺れ動いた。

結局は、私自身の好みに従って決定するしかなかった。詩歌のたぐいが多くなったのもそのせいである。独断と偏見ということになるかもしれないが、私としては自分の心に深く響いてくるかどうかを基準に選んだつもりである。

なるべく時代の新しいものをと思って選び出しはしたが、版権の問題で断念せざるをえなかったものも少なくない。翻訳でも、諸般の事情から既訳の使えないことがあったが、そのばあい、該当部分だけを自分で訳しなおした。「編者訳出」となっているのがそれである。前後をもっと引きたいものが多かったが、本書の性格から短い抜粋にとどめるしかなかった。

掲載を快諾してくださった方々に厚くお礼申し上げたい。

この本が多くの方々に心の糧として役立ってくれることを願ってやまない。

二〇〇三年一一月一日

木田 元

例言

一、人名は通用の呼び方によった。外国人名は姓のみ掲げることを原則とし、日本で広く通用する呼称・表記に従った。ただし、典拠とした本での表記に合わせた場合もある。

二、日付への配置はできるだけその人や文と関連のある日（生没の月日、手紙・日記や特別の出来事の日付など）となるよう考慮した。また、その文の季節感も念頭に置いた。

ただし、生没年月日には諸説ある場合があり、また、暦法が判然としないものも少なくない。陰暦・ロシア暦など、その時代やその国固有の暦法によることを原則とした。

三、本文は、典拠のテキストを忠実に掲げることを原則としたが、漢字の字体、仮名遣い、振り仮名など、読みやすくするために手を加えたものがある。振り仮名は特別な場合以外は新仮名遣いとした。また、適宜、語注や現代語訳を掲げた。漢詩・漢文の類は読み下し文を本文とした。

四、人物紹介文は、おおむね『広辞苑』により、必要に応じて本文の背景説明などを補足した。

＊　本書は二〇〇四年一月に小社より刊行の木田元編『一日一文　英知のことば』を文庫化したものである。典拠のうち、岩波文庫で読めるものは一部差し替えてある。

目　次

1　月

柿本人麻呂　生没年未詳　1月1日

東《ひむかし》の野に炎《かぎろひ》の立つ見えてかへり見すれば月傾《かたぶ》きぬ
淡海《あふみ》の海《うみ》夕波千鳥汝《な》が鳴けば情《こころ》もしのに古《いにしへ》思ほゆ
ぬばたまの夜《よる》さり来《く》れば巻向《まきむく》の川音《かはと》高しも嵐かも疾《と》き

『万葉集』㈠㈡(『日本古典文学大系』4・5、高木市之助ほか校注、岩波書店、一九五七—五九年)

万葉歌人。三十六歌仙の一人。天武・持統・文武朝(六七三—七〇七)に仕え、石見国(いわみのくに)の役人にもなった。その死について諸説がある。長歌を中心とする荘重・沈痛で、格調高い作風において集中第一の抒情歌人。後世、山部赤人とともに歌聖と称された。

プラトン 前427〜前347

正しく哲学している人々は死ぬことの練習をしているのだ。そして、死んでいることは、かれらにとっては、誰にもまして、少しも恐ろしくないのである。こういう風に考えてみたまえ。もしも、かれらが到るところで肉体と仲たがいをしてきて、魂それ自身だけを持とうと熱望してきたのに、そのことが起こると、恐怖を覚え憤激するというのでは、これ以上の不合理はないだろう。

『パイドン　魂の不死について』岩田靖夫訳、岩波文庫、一九九八年

古代ギリシアの哲学者。ソクラテスの弟子。アテナイ市外に学校を開いた。霊肉二元論をとり、霊魂の不滅を主張。超自然的なイデアこそが真の実在であると説いた。『国家』『パイドン』『饗宴』『ソクラテスの弁明』ほか。

キケロ 前106.1.3〜前43.12.7

1月3日

仮りに、われわれは不死なるものになれそうにないとしても、やはり人間はそれぞれふさわしい時に消え去るのが望ましい。自然は他のあらゆるものと同様、生きるということについても限度を持っているのだから。因《ちな》みに、人生における老年は芝居における終幕のようなもの。そこでへとへとになることは避けなければならない、とりわけ十分に味わい尽くした後ではな。

『老年について』中務哲郎訳、岩波文庫、二〇〇四年

古代ローマの政治家・哲学者。多才と雄弁とで政界に地歩を占めたが、アントニウスと対立、追放され殺害された。政治上の論策のほか、修辞学・弁論術に関する多くのすぐれた論述や書簡は、後世ラテン語散文の模範とされた。

1月4日

カミュ 1913.11.7〜1960.1.4

不条理という言葉のあてはまるのは、この世界が理性では割り切れず、しかも人間の奥底には明晰を求める死物狂いの願望が激しく鳴りひびいていて、この両者がともに相対峙《あいたいじ》したままである状態についてなのだ。不条理は人間と世界と、この両者から発するものなのだ。いまのところ、この両者を結ぶ唯一の絆《きずな》、不条理とはそれである。

『シーシュポスの神話』清水徹訳、新潮文庫、一九六九年

フランスの作家。アルジェリア生れ。第二次大戦中、抵抗運動に参加。不条理の哲学を追究。小説『異邦人』『ペスト』など。ノーベル賞受賞。

ウンベルト・エーコ 1932. 1. 5〜2016. 2. 19　1月5日

書物はしばしば別の書物のことを物語る。一巻の無害な書物がしばしば一個の種子に似て、危険な書物の花を咲かせてみたり、あるいは逆に、苦い根に甘い実を熟《う》れさせたりする。

『薔薇の名前』㊦、河島英昭訳、東京創元社、一九九〇年

イタリアの記号論学者・美学者・小説家。『開かれた作品』で、受容者の解釈によって実現される複数の読みの可能性を提唱。小説『薔薇の名前』『フーコーの振子』ほか。

良寛 1758〜1831.1.6

冬ごもり　春さりくれば　飯乞《いいこ》ふと　草のいほりを　立ち出でて　里にい行けば
たまほこの　道のちまたに　子どもらが　今を春べと　手まりつく　ひふみよ
いむな　汝《な》がつけば　吾《あ》はうたひ　あがつけば　なはうたひ　つきてうたひて
霞立つ　長き春日《はるひ》を　暮らしつるかも

（「手まり」）

唐木順三『良寛』（『日本詩人選』20、筑摩書房、一九七一年より）

江戸後期の禅僧・歌人。越後の人。諸国行脚ののち帰郷して国上山（くがみやま）などに庵居し、脱俗の生活を送る。書・漢詩・和歌にすぐれる。弟子貞心尼（ていしんに）編の歌集『蓮（はちす）の露』などがある。

岡本太郎 1911. 2. 26〜 1996. 1. 7

1月7日

いつも読書しながら、一種の絶望感をおぼえる。確かに面白い。対決もある。だが眼と頭だけの格闘はやはり空しい。人生はまたたく間もないほど短いのである。ハイデッガー、ヤスパース、サルトルにしても、実存を説きながら、なんであのようにながながと証明しなければならないのか。その間に絶対の時間が失われてしまう。サルトルに言ったことがある。「あなたの説には共感するが、あのびっしりと息もつまるほど組み込まれた活字のボリューム。あれを読んでいる間、いったい人は実存しているだろうか。」 彼は奇妙な顔をして私を見かえした。私はいま生きているこの瞬間、全空間に向って、八方に精神と肉体をとび散らしたい。

（「思想とアクション」）

『エッセイの贈り物』2、岩波書店、一九九九年

洋画家。岡本一平・かの子の長男。パリで前衛運動に参加。原色と激しい筆触を用い、彫刻・工芸・舞台装置など、総合的に、一貫して前衛芸術を推進した。一九七〇年の日本万博で「太陽の塔」を制作。

1月8日

ホーキング 1942. 1. 8～2018. 3. 14

宇宙にはじまりがあるかぎり、宇宙には創造主がいると想定することができる。だがもし、宇宙が本当にまったく自己完結的であり、境界や縁をもたないとすれば、はじまりも終わりもないことになる。宇宙はただ単に存在するのである。だとすると、創造主の出番はどこにあるのだろう？

『ホーキング　宇宙を語る』林一訳、早川書房、一九八九年

イギリス生れの理論物理学者。ブラックホールなど、宇宙の起源や構造を研究。難病(筋萎縮性側索硬化症)にかかりながら、精力的な活動を続けた。

ボーヴォワール 1908. 1. 9～1986. 4. 14　1月9日

人は女に生まれるのではない、女になるのだ。社会において人間の雌がとっている形態を定めているのは生理的宿命、心理的宿命、経済的宿命のどれでもない。文明全体が、男と去勢者の中間物、つまり女と呼ばれるものを作りあげるのである。

『決定版　第二の性 Ⅱ　体験』中嶋公子・加藤康子監訳、新潮社、一九九七年

フランスの作家。実存主義者。終生の伴侶であったサルトルとともに、反戦・人権擁護の運動で精力的な言論活動を展開、女性解放運動にも大きく貢献した。小説『招かれた女』『他人の血』、評論『第二の性』ほか。

1月10日　ブーアスティン 1914. 10. 1〜2004. 2. 28

世の中に事件がなにも起きていない、ニュース取材者たちは眠っている、あるいは競争相手のニュース取材者たちのほうがもっと機敏である、といった印象を人々に与えないためには、どうしたらよいか？　印刷や放送の経費が増大するにつれて、輪転機をいつも動かし、テレビをいつも放送していることが財政的に必要になった。疑似イベントを製造しなければならない必要は、いっそう強くなった。かくしてニュースの取材は、ニュースの製造へと変化したのである。

『幻影《イメジ》の時代　マスコミが製造する事実』後藤和彦・星野郁美訳、東京創元新社、一九六四年

アメリカの歴史学者。法制史・アメリカ史。アメリカ文明の意味の再解釈を試みた。『幻影の時代　マスコミが製造する事実』では、疑似イベントが事実を陵駕する現代社会を論ずる。国立歴史技術博物館長も務めた。

ウィリアム・ジェームズ 1842. 1. 11〜1910. 8. 26 1月11日

うじ虫には明瞭な自我の観念も宇宙の観念もないけれども、踏みつけられたうじ虫でさえも、苦しんでいる自分を彼以外の全宇宙と対立させる。虫は私にとっては単に世界の一部分に過ぎないが、虫にとっては私が世界の一部分に過ぎない。われわれはすべて全宇宙を異なる場所において二つに分割しているのである。

『心理学』(上)、今田寛訳、岩波文庫、一九九二年

アメリカの哲学者・心理学者。パースやデューイと並ぶプラグマティズムの提唱者。思考を生存競争の道具とみなす機能的心理学を主張。『宗教的経験の諸相』『心理学原理』(『心理学』はその短縮版)『プラグマティズム』ほか。小説家ヘンリー・ジェームズの兄。

1月12日　アガサ・クリスティ

1890. 9. 15〜
1976. 1. 12

会話において、何かをかくしているものほど、危険なものはないよ！　あるフランスの老賢人が私にいったことがある。話というものは、考えることを妨げるための、発明だ、とね。そしてまた、人がかくそうと思っていることを発見するための、誤りのない方法でもあるわけだ。人間というものはだな、ヘイスティングズ、自分自身をあらわし、その個性を表現するために、会話が与えてくれる機会には、抗し得ないものだよ。

『ＡＢＣ殺人事件』堀田善衛訳（『世界名作推理小説大系』9、東京創元社、一九六〇年）

イギリスの作家。探偵役にポアロやミス・マープルを登場させて多数の推理小説を発表。世界的なベストセラー作家、「ミステリーの女王」と称される。『アクロイド殺人事件』『そして誰もいなくなった』など。引用はポアロがワトソン役の相棒ヘイスティングズに語ることば。

ジョイス 1882. 2. 2〜 1941. 1. 13　　1月13日

雪は、また、マイケル・フュアリーが埋もれている丘の上の淋しい教会墓地のいたるところに降っている。雪はゆがんだ十字架や墓石の上に、小さな門の穂先の上に、不毛ないばらの上に、深々と降り積っている。彼の魂は雪の降る音を耳にしながら、しだいに知覚を失っていった。雪が、かすかな音を立てて宇宙に降り、最後の時の到来のように、かすかな音を立てて、すべての生者たちと死者たちの上に降りそそぐのを耳にしながら。

（「死者たち」）

『ダブリンの市民』高松雄一訳、集英社、一九九九年

アイルランドの小説家。内的独白を用い、個人の意識の流れを描く心理主義文学と神話の現代文学的可能性を追求。自伝的作品『若き日の芸術家の肖像』に続く『ユリシーズ』は二〇世紀ヨーロッパ小説屈指の大作。

1月14日　マルティン・ニーメラー

1892. 1. 14～
1984. 3. 6

ナチ党が共産主義を攻撃したとき、私は自分が多少不安だったが、共産主義者でなかったから何もしなかった。ついでナチ党は社会主義者を攻撃した。私は前より不安だったが、社会主義者ではなかったから何もしなかった。ついで学校が、新聞が、ユダヤ人等々が攻撃された。私はずっと不安だったが、まだ何もしなかった。ナチ党はついに教会を攻撃した。私は牧師だったから行動した——しかし、それは遅すぎた。

（ミルトン・マイヤー『彼らは自由だと思っていた』（田中浩・金井和子訳、未来社、一九八三年より）

ドイツの牧師。告白教会に属し、ヒトラーの教会弾圧に抗し、ドイツ教会闘争を指導した。強制収容所に送られたが、第二次世界大戦後、解放され、平和運動、ドイツ統一運動に尽力した。

徳川家康　1542. 12. 26〜1616. 4. 17　　1月15日

人の一生は重荷を負《おい》て遠き道をゆくが如し。いそぐべからず。不自由を常とおもへば不足なし。こころに望《のぞみ》おこらば、困窮したる時を思ひ出すべし。堪忍《かんにん》は無事長久の基《もとい》。いかりは敵とおもへ。勝事《かつこと》ばかりを知りてまくる事をしらざれば、害其身にいたる。おのれを責めて人をせむるな。及ばざるは過《すぎ》たるよりまされり。

慶長八年正月十五日　家康

「東照宮遺訓」編者校訂

徳川初代将軍。幼名、竹千代。一六〇〇年、関ヶ原の戦で西軍を破り、一六〇三年、征夷大将軍に任ぜられて江戸幕府を開いた。駿府に隠居後も大事は自ら決し、江戸幕府二百六十余年の基礎を確立した。諡号(しごう)、東照大権現。

1月16日　清少納言　966頃〜1025頃

ただ過ぎに過ぐるもの、帆かけたる舟。人の齢《よはひ》。春、夏、秋、冬。

＊

雪は、檜《ひ》皮葺《はだぶき》、いとめでたし。すこし消えがたになりたるほど。また、いと多うも降らぬが、瓦《かはら》の目ごとに入《い》りて、黒《くろ》うまろに見えたる、いとをかし。

時雨《しぐれ》・霰《あられ》は、板屋《いたや》。霜も、板屋。庭。

『枕草子』池田亀鑑校訂、岩波文庫、一九六二年

平安中期の女房で、歌人・随筆家。清原元輔の女(むすめ)。本名は未詳。和漢の学に通じた才女で、紫式部と並び称せられ、一条天皇の皇后定子に仕えて寵遇を受けた。『枕草子』など。

フランクリン 1706. 1. 17〜 1790. 4. 17　1月17日

もしもお前の好きなようにしてよいと言われたならば、私はいままでの生涯を初めからそのまま繰返《くりかえ》すことに少しも異存《いぞん》はない。ただし、著述家が初版の間違いを再版で訂正するあの便宜《べんぎ》だけは与えてほしいが。

『フランクリン自伝』松本慎一・西川正身訳、岩波文庫、一九五七年

アメリカの政治家・科学者。理化学に興味をもち、雷と電気とが同一であることを立証し、避雷針を発明した。また、独立宣言起草委員の一人で、合衆国憲法制定会議にも参与。自叙伝は有名。

モンテスキュー

1689. 1. 18〜
1755. 2. 10

国家、すなわち、法律が存在する社会においては、自由とは人が望むべきことをなしうること、そして、望むべきでないことをなすべく強制されないことにのみ存しうる。

独立とはなんであるか、そして、自由とはなんであるかを心にとめておかねばならない。自由とは法律の許すすべてをなす権利である。

(第二部第一一編)

『法の精神』(上)、野田良之ほか訳、岩波文庫、一九八九年

フランスの政治思想家・法学者。『法の精神』で歴史的研究に実証的比較方法を導入、法律制度と自然的・社会的条件との関連を追求。三権分立を説いてアメリカ合衆国憲法、フランス革命に影響を与えた。ほかに『ローマ人盛衰原因論』など。

勝 海舟 1823. 1. 30～1899. 1. 19

1月19日

世の中に無神経ほど強いものはない。あの庭前の蜻蛉《とんぼ》をごらん。尻尾《しっぽ》を切って放しても、平気で飛んで行くではないか。おれなどもまあ蜻蛉ぐらいのところで、とても人間の仲間入りはできないかもしれない。むやみに神経を使って、やたらに世間のことを苦に病み、朝から晩まで頼みもしないことに奔走して、それが為に頭が禿げ鬚《ひげ》が白くなって、まだ年も取らないのに耄碌《もうろく》してしまうというような憂国家とかいうものには、おれなどはとてもなれない。

（『氷川清話』）

『日本の名著32 勝海舟』中央公論社、一九八四年

幕末・明治の政治家。通称、麟太郎。旗本の子。一八六〇年（万延元）咸臨丸で太平洋横断。戊辰戦争に際し西郷隆盛と江戸城無血開城に尽力。維新後は海軍卿・枢密顧問官などを歴任。『海舟座談』『氷川清話』ほか。

1月20日 フランクリン・ルーズヴェルト 1882. 1. 30〜1945. 4. 12

われわれは、独りでは安らかに生きることができないこと、われわれ自身の幸福が遠い他の国々の幸福に係っていることを学んだ。われわれは、砂に頭をうずめたダチョウや飼葉桶《かいばおけ》の中の犬としてではなく、人間として生きねばならぬことを学んだ。われわれは、世界の市民、人類共同体の成員となるべきことを学んだ。

(第四回大統領就任演説、一九四五年一月二〇日)

『バートレット引用句辞典』所収、編者訳出

アメリカ合衆国第三二代大統領(一九三三—四五)。民主党選出。ニューディール政策で大恐慌に対処。第二次大戦では連合国の戦争指導と戦後の世界平和確立に尽力したが、終戦直前に急逝。

ジョージ・オーウェル 1903. 6. 25～1950. 1. 21　1月21日

ナショナリストの考え方の中には、真実なのに嘘、知っているのに知らないことになっているという事実が、いろいろある。知っている事実でも、認めるのに耐えられないというので脇へ押しのけられたまま、意識的に論理的思考から外《はず》されてしまうことがあるかと思えば、綿密に検討されたにもかかわらず、自分一人の心の中でさえ、事実であることをぜったいに認めないといったことが起こるのだ。

（「ナショナリズムについて」）

『オーウェル評論集』小野寺健編訳、岩波文庫、一九八二年

イギリスの小説家。諷刺小説『動物農園』、反ユートピアの予言的な作品『一九八四年』、エッセー『カタロニア讃歌』などのほか、多くの評論を残した。

1月22日　フランシス・ベーコン 1561.1.22〜1626.4.9

ある書物はちょっと味わってみるべきであり、他の書物は呑み込むべきであり、少しばかりの書物がよく嚙んで消化すべきものである。すなわち、ある書物はほんの一部だけ読むべきであり、他の書物は読むべきではあるが、念入りにしなくてよく、少しばかりの書物が隅々まで熱心に注意深く読むべきものである。

『ベーコン随想集』渡辺義雄訳、岩波文庫、一九八三年

イギリス・ルネサンス期の政治家・哲学者。科学的方法と経験論との先駆者。一切の先入見と謬見すなわち偶像(イドラ)を去り、経験(観察と実験)を唯一の源泉、帰納法を唯一の方法とすることを説いた。『ノヴム・オルガヌム』ほか。

スタンダール 1783. 1. 23～ 1842. 3. 23 1月23日

さて、諸君、小説というものは大道に沿うてもち歩かれる鏡のようなものだ。諸君の眼に青空を反映することもあれば、また道の水溜りの泥濘を反映することもあろう。すると諸君は、鏡を背負籠に入れてもって歩く男を破廉恥だといって非難する！　鏡は泥濘を映し出す、そこで諸君はその鏡を非難しようというんだ！

『赤と黒』(下)、桑原武夫・生島遼一訳、岩波文庫、一九五八年

フランスの作家。社会批判と心理分析とにすぐれる。『赤と黒』『パルムの僧院』『恋愛論』などのほか、自伝『アンリ・ブリュラールの生涯』がある。

1月24日

ホフマン 1776. 1. 24〜1822. 6. 25

そのとき、けだかい美しさと気品を備えたゼルペンティーナが寺院の奥からすがたを現わす。彼女は黄金の壺をたずさえている。その壺から美しい百合の花が一輪咲き出ている。かぎりないあこがれが言い知れぬほどの歓喜となって、彼女のやさしいひとみにもえている。こうして彼女はアンゼルムスをじっと見つめて、口をひらいた——「ああ、いとしいかた！　百合が花を開きましたわ——最上の願いが達せられました。わたしたちのしあわせに比べられるようなしあわせがこの世にあるでしょうか」

『黄金の壺』神品芳夫訳、岩波文庫、一九七四年

ドイツ・ロマン派の作家、司法官。絵画・音楽にも長じ、その小説は夢幻的要素が濃い。作『黄金の壺』『悪魔の美酒』『牡猫ムルの人生観』ほか。

モーム 1874. 1. 25～1965. 12. 16　1月25日

およそ良心というものは、社会が自らを維持する目的でつくった規則が守られているかどうかを監視するために、個人の内部に置いている番人である。個人が法律を破らぬよう監視するために、個人の心の中に配置された警官だとも言えよう。自我なる要塞《ようさい》に潜むスパイなのだ。世間の人に支持されたいという人間の願望はとても強く、世間の非難を恐れる気持はとても激しいので、結局、自分の敵を自分の城内に引き入れてしまったのである。

『月と六ペンス』行方昭夫訳、岩波文庫、二〇〇五年

イギリスの作家。小説のほか、風俗喜劇も多い。息の長い創作活動を続け、物語性に富む多くの作品を残した。また、諜報部員として働いたり、世界各地を旅行して旅行記を書いたりもした。『月と六ペンス』『人間の絆(きずな)』『剃刀(かみそり)の刃』ほか。

明《みょう》　恵《え》

1173.1.8〜
1232.1.19

秋田城介入道覚知《あきたのじょうのすけにゅうどうかくち》、遁世《とんせい》して梅尾《(ママ)》に栖《す》みける比《ころ》、自《みずか》ら庭の薺《なずな》を摘みて味噌水《みそうず》と云ふ物を結構《けっこう》して上人にまゐらせたりしに、一口含み給ひて、暫《しば》し左右を顧みて、傍《そば》なる遣戸《やりど》の縁《ふち》に積りたるほこりを取り入れて食し給ひけり。大蓮房座席に候ひけるが、不審げにつく〴〵と守り奉りければ、「余りに気味の能く候程に」とぞ仰せられける。

『明恵上人集』久保田淳・山口明穂校注、岩波文庫、一九八一年

鎌倉前期の華厳宗の僧。諱(いみな)は高弁。紀伊の人。栂尾(とがのお)に高山寺を営み、華厳宗中興の道場とした。また宋より将来した茶樹を栽培。旧仏教の立場から法然の浄土宗を批判した『摧邪輪(ざいじゃりん)』を著した。

ルイス・キャロル 1832. 1. 27〜1898. 1. 14　1月27日

「わしが言葉を使うときには」と、ハンプティ・ダンプティは、鼻であしらうように言いました。「その言葉は、わしが決めただけのことを意味するんじゃ――それ以上でも、以下でもなくな。」

「問題は」と、アリスは言いました。「一つの言葉に、そんなにいろんな意味を持たすことができるのか、ってことです。」

「問題は」と、ハンプティ・ダンプティが言いました。「どっちが主人か、ということ――それがすべてじゃ。」


『鏡の国のアリス』脇明子訳、岩波少年文庫、二〇〇〇年

イギリスの童話作家・数学者。軽妙・洒脱なユーモアと論理や言葉の遊びに富んだ童話『不思議の国のアリス』『鏡の国のアリス』が有名。

1月28日　ドストエフスキー 1821.10.30〜1881.1.28

神がほんとうに存在するということが不思議なのじゃなくって、そんな考えが、――神は必要なりという考えが、人間みたいな野蛮で意地悪な動物の頭に浮んだということが驚歎に値するのだ。そのくらいこの考えは神聖で、殊勝で、賢明で、人間の誉れとなるべきものなんだ。

『カラマーゾフの兄弟』㈡、米川正夫訳、岩波文庫、一九五七年

ロシアの小説家。人間の内面生活に対する洞察、社会的・人間的調和の探求、鋭い心理描写とヒューマニズムの追求によって、世界の文学・思想に大きな影響を与える。『罪と罰』『白痴』『悪霊』『カラマーゾフの兄弟』ほか。

チェーホフ 1860. 1. 29～1904. 7. 15　　1月29日

人間は物を考える理性と、物を創り出す力とを、天から授かっています。それでもって、自分に与えられているものを、ますます殖《ふ》やして行けという神様の思召しなんです。ところが、今日《こんにち》まで人間は、創り出すどころか、ぶち毀《こわ》してばかりいました。森はだんだん少なくなる、河は涸《か》れてゆく、鳥はいなくなる、気候はだんだん荒くなる、そして土地は日ましに、愈々《いよいよ》ますます痩《や》せて醜くなってゆく。

『ワーニャ伯父さん』神西清訳(『チェーホフ全集』12、中央公論社、一九六八年)

ロシアの小説家・劇作家。抒情豊かな短編、また微妙な心理の動きを描出する新しい戯曲を残す。小説『六号室』、戯曲『かもめ』『三人姉妹』『桜の園』ほか。

1月30日　ガーンディー　1869.10.2～1948.1.30

サッティヤーグラハ、または魂の力は英語で「受動的抵抗（パッスィヴ・レジスタンス）」といわれています。この語は、人間たちが自分の権利を獲得するために自分で苦痛に耐える方法として使われています。その目的は戦争の力に反するものです。あることが気に入らず、それをしないときに、私はサッティヤーグラハ、または魂の力を使います。

『真の独立への道』田中敏雄訳、岩波文庫、二〇〇一年

インドの政治家・思想家。インド独立の父とされる。非暴力・不服従主義により民族運動を指導。また、不可触民制の除去、農村の復興、イスラム教徒とヒンドゥー教徒との融和に尽力したが、独立後まもなく暗殺された。

孟　子　前372〜前289　　1月31日

人皆人に忍びざるの心有《あ》りと謂《い》う所以《ゆえん》の者は、今、人乍《にわか》に孺子《じゅし》の将《まさ》に井《いど》に入《お》ちんとするを見れば、皆怵惕惻隠《じゅってきそくいん》の心有り、交《まじわり》を孺子の父母に内《むす》ばんとする所以にも非《あら》ず、誉《ほまれ》を郷党朋友《きょうとうほうゆう》に要《もと》むる所以にも非ず、其《そ》の声《な》を悪《にく》みて然るにも非ざるなり。

（「公孫丑上」）

誰にでもこのあわれみの心はあるものだとどうして分るのかといえば、その理由《わけ》はこうだ。たとえば、ヨチヨチ歩く幼《おさ》な子が今にも井戸に落ちこみそうなのを見かければ、誰しも思わず知らずハッとしてかけつけて助けようとする。これは可愛想だ、助けてやろうとの一念からとっさにすることで、もちろん助けたことを縁故にその子の親と近づきになろうとか、村人や友達からほめてもらおうとかのためではなく、また、見殺しにしたら非難されるからと恐れてのためでもない。

『孟子』(上)、小林勝人訳注、岩波文庫、一九六八年

中国、戦国時代の思想家。名は軻（か）。孔子の意を祖述して『孟子』七編を作る。その倫理説は性善説に根拠を置き、仁義礼智の徳を発揮するにありとした。

2　月

徳冨蘆花 1868. 10. 25〜 1927. 9. 18　2月1日

諸君、幸徳君らは時の政府に謀叛人《むほんにん》と見做《みな》されて殺された。諸君、謀叛を恐れてはならぬ。謀叛人を恐れてはならぬ。自ら謀叛人となるを恐れてはならぬ。新しいものは常に謀叛である。「身を殺して魂《たましい》を殺す能《あた》わざる者を恐るるなかれ」。肉体の死は何でもない。恐るべきは霊魂の死である。人が教えられたる信条のままに執着し、言わせらるるごとく言い、させらるるごとくふるまい、型から鋳出《いだ》した人形のごとく形式的に生活の安を偸《ぬす》んで、一切の自立自信、自化自発を失う時、すなわちこれ霊魂の死である。我らは生きねばならぬ。生きるために謀叛しなければならぬ。

（「謀叛論」）

『謀叛論 他六篇・日記』中野好夫編、岩波文庫、一九七六年

小説家。本名は健次郎。蘇峰の弟。トルストイに心酔して社会的視野をもつ作品を書き、晩年はキリスト者として田園生活を送る。『不如帰（ほととぎす）』『自然と人生』『みみずのたはこと』ほか。「謀叛論」は、一九一一年、幸徳秋水らが処刑された八日後の二月一日に行なった講演。

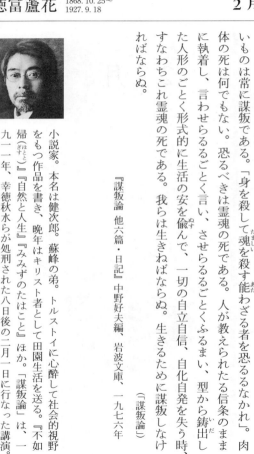

2月2日

ラッセル 1872. 5. 18〜1970. 2. 2

義務感は、仕事においては有用であるが、人間関係ではおぞましいものである。人びとの望みは、人に好かれることであって、忍耐とあきらめをもって我慢してもらうことではない。たくさんの人びとを自発的に、努力しないで好きになれることは、あるいは個人の幸福のあらゆる源のうちで最大のものであるかもしれない。

『ラッセル　幸福論』安藤貞雄訳、岩波文庫、一九九一年

イギリスの数学者・哲学者。『数学原理』(ホワイトヘッドとの共著)で今日の記号論理学の基礎を築く。第二次大戦後、核兵器廃絶、ヴェトナム戦争反対など平和運動に尽力。『西洋哲学史』『幸福論』など。ノーベル賞受賞。

福沢諭吉 1834.12.12〜1901.2.3　2月3日

私が江戸に来たその翌年、すなわち安政六年、五国条約というものが発布になったので、横浜は正《まさ》しく開けたばかりのところ、ソコデ私は横浜に見物に行った。その時の横浜というものは、外国人がチラホラ来ているだけで、掘立小屋みたような家が諸方にチョイ〳〵出来て、外国人が其処《そこ》に住まって店を出している。其処へ行ってみたところが、一寸《ちょい》とも言葉が通じない。此方《こっち》の言うこともわからなければ、彼方《あっち》の言うことも勿論《もちろん》わからない。店の看板も読めなければ、ビンの貼紙もわからぬ。何を見ても私の知っている文字というものはない。英語だか仏語だか一向わからない。

『新訂 福翁自伝』富田正文校訂、岩波文庫、一九七八年

思想家・教育家。蘭学・英学を研修、幕府使節に随行して三回欧米に渡る。維新後は政府に仕えず民間で活動、慶応義塾大学、時事新報社を創立。独立自尊と経済実学を鼓吹した。『学問のすゝめ』『文明論之概略』『福翁自伝』ほか。

2月4日　プレヴェール　1900. 2. 4〜1977. 4. 11

三本のマッチ　一本ずつ擦《す》る　夜のなかで
はじめのはきみの顔を隈《くま》なく見るため
つぎはきみの目をみるため
最後のはきみのくちびるを見るため
残りのくらやみは今のすべてを想い出すため
きみを抱きしめながら。

（「夜のパリ」）

『プレヴェール詩集』小笠原豊樹訳、岩波文庫、二〇一七年

フランスの詩人。鋭い諷刺と生き生きとした生活感とを軽妙な言葉の動きに盛った。『パロール』などの詩集のほか、映画『天井桟敷の人々』の脚本、シャンソン「枯葉」など。

ホフマンスタール 1874.2.1〜1929.7.15

絵から絵へと眼を移しながら、ぼくはある何かを感じることができた。形象と形象とが交互に入りまじり、並びあい、色のうちに形象の奥にひそむ命がほとばしり、色と色とが互いに生かしあい、あるときにはひとつの色がふしぎに力強くほかの色すべてを支えているのが感じられた。そして、あらゆるもののうちに、ひとつの心、ひとつの魂、絵を描いた人間の魂、絵を描くことによって、はげしい懐疑から生じる硬直性痙攣《けいれん》に対してこのヴィジョンをもって答えようとした男の魂を、見てとることができた。

（「帰国者の手紙」）

『チャンドス卿の手紙 他十篇』檜山哲彦訳、岩波文庫、一九九一年

オーストリアの詩人。『詩集』のほか、韻文劇『痴人と死』、戯曲『エレクトラ』、歌劇『ばらの騎士』の台本、小説『影のない女』『アンドレーアス』など。引用は、一九〇一年にアムステルダムでまだ無名のゴッホの絵にはじめて出会ったときの印象を述べたくだり。

2月6日

クリムト 1862.7.14〜1918.2.6

真の芸術と真の芸術家はどんな口実で攻撃されてもかまわない。保護されるのはいつもまやかしの弱い芸術なのだ。真面目な芸術家たちに対し、多くの干渉がなされた。私は今ここにそれをあげつらう気はないが、いつの日かそれについて語るかもしれない。私は彼らの主張に対抗し、その槍をへし折ってやりたい。

フランソワーズ・デュクロ『クリムト』新関公子訳(『岩波 世界の巨匠』第Ⅱ期、岩波書店、一九九四年より)

オーストリアの画家。一八九七年、ウィーン分離派を結成。象徴的な装飾画や華麗な人物画などを制作。多くの非難や反感・中傷を受けながらも、みずからの表現を追求、世紀末ウィーンで新しい芸術の波を先導した。作品に「接吻」ほか。

ディケンズ 1812. 2. 7〜1870. 6. 9

2月7日

茫漠とした幼児期を、はるか遠く振り返ってみると、まず目の前にはっきり浮かんでくるのは、綺麗な髪をして若々しい容姿の母さんと、容姿などあったもんじゃないし、目ん玉が真っ黒けだったから、目のあたり一面が黒ずむんじゃないかと思えるほどだったし、頬っぺたも腕もぱんぱんに固くて真っ赤だったから、小鳥だって、リンゴよりこっちの方をつっ突くんじゃないかな、と思ったペゴティーの姿だった。

『デイヴィッド・コパフィールド』㈠、石塚裕子訳、岩波文庫、二〇〇二年

イギリスの小説家。下層社会の人々の生活を諧謔と哀愁と温かい同情心をもって描写した。『オリヴァー・トゥイスト』『クリスマス・キャロル』『デイヴィッド・コパフィールド』『荒涼館』『二都物語』ほか。

2月8日　シュンペーター　1883. 2. 8〜1950. 1. 8

社会主義が正統派社会主義者達の夢見ている文明の出現を意味すると信ずべき理由は殆《ほと》んどない。ファシストの特徴が現われる可能性の方がむしろ大きい。それはマルクスの念仏を唱《とな》える人々にとっては予想外の解答であるに相違ない。けれども歴史は時々たちの悪い戯れに耽《ふけ》るものなのである。

『資本主義・社会主義・民主主義』下巻、中山伊知郎・東畑精一訳、東洋経済新報社、一九五一年

オーストリア生れの理論経済学者。蔵相も務めたが、ボン大学在職中ナチスの圧迫を逃れ渡米。のちハーヴァード大学教授。企業家の革新的行動と景気循環を分析した。主著『経済発展の理論』『景気循環論』。

カンディンスキー　1866. 12. 4～1944. 12. 13　2月9日

バラ色、ライラック、黄色、白、青、浅緑の、真紅の家々や教会——それぞれが自分たちの歌を——風にざわめく緑の芝生、低いバスでつぶやく樹々、あるいは千々《ちぢ》の声で歌う白雪、葉の落ちた樹々の枝のアレグレット、それに無骨で無口なクレムリンの赤い壁の環。……このときを色彩で描くことこそ、芸術家にとって至難の、だが至上の幸福である、とわたしは考えたものである。

『カンディンスキーの回想』西田秀穂訳、美術出版社、一九七九年

ロシア(モスクワ)生れの画家。初めドイツ表現派に属し、有機的抽象絵画に先鞭をつけ、またバウハウスで教え、創作と理論で抽象芸術に貢献した。『芸術における精神的なもの』など。

2月10日　プーシキン 1799.6.6～1837.2.10

おもいでが　音もなく
ながい巻物をくりひろげる。
わたしは嫌悪のこころをもって
おのれの生涯を読みかえし
身をおののかせ　のろいの声をあげ
なげきつつ　にがいなみだを流す。
けれども悲しい記録のかずかずは
もはや消し去るよしもない。

（「思い出」）

『プーシキン詩集』金子幸彦訳、岩波文庫、一九六八年

ロシアの詩人・小説家・劇作家。ロシア国民文学の確立者。ロシアが近代化にあたってかかえる問題を文学に表現。また、ロシア近代文章語を完成。決闘で横死した。『エヴゲニー・オネーギン』『ベールキン物語』『大尉の娘』ほか。

デカルト 1596. 3. 31〜1650. 2. 11　2月11日

我々は幼年のとき、自分の理性を全面的に使用することなく、むしろまず感覚的な事物について、さまざまな判断をしていたので、多くの先入見によって真の認識から妨げられている。これらの先入見から解放されるには、そのうちにほんの僅かでも不確かさの疑いがあるような、すべてのことについて、生涯に一度は疑う決意をする以外にないように思われる。

（「人間認識の諸原理について」）

『哲学原理』桂寿一訳、岩波文庫、一九六四年

フランスの哲学者。近世哲学の祖、解析幾何学の創始者。一切を疑ったのち、疑いえぬ確実な真理として「考える自己」を見出し、そこから精神と物体とを相互に独立な実体とする二元論の哲学体系を樹立した。『方法序説』『精神指導の規則』ほか。

カント 1724.4.22〜1804.2.12

それを考えることしばしばであり、かつ長きにおよぶにしたがい、つねに新たなるいやます感嘆と畏敬とをもって心を充たすものが二つある。わが上なる星しげき空とわが内なる道徳法則がそれである。二つながら、私はそれらを、暗黒あるいははるか境を絶したところに閉ざされたものとして、私の視界の外にもとめたり、たんに推し測ったりするにはおよばない。それらのものは私の眼前に見え、私の存在の意識とじかにつながっている。

『実践理性批判　人倫の形而上学の基礎づけ』坂部恵・平田俊博・伊古田理訳
（『カント全集』7、岩波書店、二〇〇〇年）

ドイツの哲学者。ドイツ啓蒙思想に理論的基礎を与え、ドイツ観念論に道を開いた。『純粋理性批判』『実践理性批判』『啓蒙とは何か』『永遠平和のために』『美と崇高との感情性に関する観察』ほか。

内村鑑三 1861. 2. 13〜 1930. 3. 28　2月13日

神を見るとは夢幻《ゆめまぼろし》にかれを見るということではない、また神秘的にかれを感ずるということでもない、神を見るとはイエスキリストを真《まこと》の神として認むることである。かの最も不幸なる人、かの罪人として十字架に懸けられ、エリエリラマサバクタニの声を発しながら気息《いき》絶えし人、かの人を神と認むるをえて、人生のすべての問題の解決はつくのである。神を見るとは実《まこと》に神を見ることである、わが罪を担《にの》うてわれに代りて屈辱の死を遂《と》げ給いし人なるイエスキリストを神として認むることである。

（「神を見ること」）

『内村鑑三所感集』鈴木俊郎編、岩波文庫、一九七三年

宗教家・評論家。札幌農学校出身。教会的キリスト教に対して無教会主義を唱えた。教育勅語への敬礼を拒む不敬事件を起こし、また非戦論を唱道。『基督信徒の慰め』『余は如何にして基督教徒となりし乎』『後世への最大遺物・デンマルク国の話』ほか。

中井正一《まさかず》 1900. 2. 14～1952. 5. 18

一体人間は、二つの魂の誕生をもっているといえよう。世界がこんなに美しく、世の中がこんなに面白いものかと驚嘆する時がある。これが第一の誕生である。そしていつか、それとまったく反対に、人間がこんなに愚劣であったのか、また自分も、こんなに下らないものだったのかと驚嘆し、驚きはてる時がくる。これが第二の、魂の誕生なのである。しかし、この時、人々は、ほんとうの人生を知ったというべきであろう。

（「美学入門」）

『中井正一評論集』長田弘編、岩波文庫、一九九五年

思想家。映画など映像メディアを射程に入れた、独自の美学理論を構築した。戦後は美学のみならず、マス・コミュニケーション論の分野でも発言、また、国立国会図書館初代副館長として、民族の記憶庫としての図書館を提唱した。

二葉亭四迷 1864. 2. 28〜1909. 5. 10

2月15日

誠に人生は夢の如しといふうちにも、小生の一生の如きは夢よりも果敢《はか》なくあはれなるものなるべし。……かくして空想に入りて一生を流浪の間に空過し、死して自らも益せず人をも益せず、唯妻子を路頭に迷はすのみにてはあまりに情けなく候へど、これも持《もっ》たが病《やまい》已《や》むを得ず候。

（明治三六年二月一五日付、奥野小太郎宛書簡）

『二葉亭四迷全集』第七巻、岩波書店、一九六五年

小説家。一八八七年『浮雲』を書き、言文一致体の文章とすぐれた心理描写とで新生面を開いた。ロシア文学の翻訳にもすぐれ、『あひゞき』などの名訳がある。ほかに『其面影』『平凡』など。ロシアから帰国の途中、インド洋上に没。

2月16日

西行 1118〜1190. 2. 16

心なき身にもあはれは知られけり鴫《しぎ》立つ沢の秋の夕暮

年たけて又越《こ》ゆべしと思《おもひ》きや命成《なり》けり佐夜《さや》の中山

風になびく富士のけぶりの空に消《きえ》て行方も知らぬ我思哉《わがおもひかな》

願はくは花の下にて春死なんそのきさらぎの望月《もちづき》の頃

＊きさらぎの望月の頃　旧暦二月一五日の満月の夜のこと。

『西行全歌集』久保田淳・吉野朋美校注、岩波文庫、二〇一三年

平安末・鎌倉初期の歌僧。俗名、佐藤義清（のりきよ）。北面の武士であったが、二三歳のとき、無常を感じて出家。晩年は伊勢を本拠に各地を旅した。家集『山家（さんか）集』。生前の望み通り、二月の満月の頃、一六日に没した。一般には前日の涅槃（ねはん）の日を忌日（きにち）とする。

梶井基次郎 1901. 2. 17〜 1932. 3. 24

2月17日

私は好んで闇《やみ》のなかへ出かけた。渓《たに》ぎわの大きな椎《しい》の木の下に立って遠い街道の孤独な電灯を眺めた。深い闇のなかから遠い小さな光を眺めるほど感傷的なものはないだろう。私はその光がはるばるやって来て、闇のなかの私の着物をほのかに染めているのを知った。またあるところでは渓の闇へ向って一心に石を投げた。闇のなかには一本の柚《ゆず》の木があったのである。石が葉を分けて戛々《かつかつ》と崖《がけ》へ当った。ひとしきりすると闇のなかからは芳烈な柚の匂いが立騰《たちのぼ》って来た。（「闇の絵巻」）

『檸檬《レモン》・冬の日 他九篇』岩波文庫、一九八五年

小説家。大阪市生れ。志賀直哉の影響を受け、簡潔な描写と詩情豊かな小品を残す。作『檸檬（レモン）』『城のある町にて』など。

2月18日

セネカ 前4頃〜後65

われわれの享《う》ける生が短いのではなく、われわれ自身が生を短くするのであり、われわれは生に欠乏しているのではなく、生を蕩尽《とうじん》する、それが真相なのだ。莫《ばく》大《だい》な王家の財といえども、悪《あ》しき主人の手に渡れば、たちまち雲散霧消《うんさんむしょう》してしまい、どれほど約《つま》しい財といえども、善き管財人の手に託されれば、使い方次第で増えるように、われわれの生も、それを整然と斉《ととの》える者には大きく広がるものなのである。

(『生の短さについて』)

『生の短さについて 他二篇』大西英文訳、岩波文庫、二〇一〇年

ローマのストア派の哲人。皇帝ネロの師となったが、のち不興をこうむり、自決を命じられた。著作は、ギリシア悲劇を範とする悲劇九編のほか、『生の短さについて』『怒りについて』など。

クム・ダリヤ下流およびデルタの周辺では、水も植物も動物も、すべてが新しい。まさにだからこそ、今度私たちが計画した旅は、とらえて離さぬ大きい魅力があるのである。私たちは、アジアの一番奥の心臓部の、一見気まぐれではあるが広範な地表の変化をこの目で確かめるには、絶好の機会にやってきたのである。

『さまよえる湖』(上)、福田宏年訳、岩波文庫、一九九〇年

スウェーデンの地理学者・探検家。東トルキスタン、チベットなどを踏査して、楼蘭など古代遺跡を発見、ロプ・ノールの周期的移動の確認などの成果をあげた。『シルクロード』『さまよえる湖』ほか。

2月20日　ホルクハイマー 1895.2.14〜1973.7.7

理性の危機は個人の危機のなかで表明される。個人の能力として理性は発展してきたのだからである。伝統的哲学が個人と理性について抱いていた幻想――その永遠性についての幻想は消え失せつつある。個人は、かつては、理性をもっぱら自己の道具として考えていた。今日、個人は、この自己物神化の正反対のものを体験しつつある。機械が運転手を振り落とし、虚空を盲滅法に突進している。完成の瞬間に、理性は非合理で無能力なものになった。

『理性の腐蝕』山口祐弘訳、せりか書房、一九八七年

ドイツの社会学者・哲学者。フランクフルト学派の指導者。「批判理論」を提唱し、理性の復権を目指した。『道具的理性批判』、アドルノとの共著『啓蒙の弁証法』など。

ゴーゴリ 1809. 3. 20～1852. 2. 21　　2月21日

いま熱情に燃えさかっている青年が、もし自分の老いさらばえた後の姿を見せつけられたなら、恐れ戦《おのの》いてとびすさることだろう。柔軟な青年時代を過ぎ、きびしく非情な壮年に達しても、心して人間的な行いを保持してゆくように努め給え。途中で取り落してはいけない。後で取り戻すことは決してできないから！ 未来に横たわる老齢はつれなく怖ろしいもので、何一つもとへ戻してくれはしないのだ！

『死せる魂』(上)、平井肇・横田瑞穂訳、岩波文庫、一九七七年

ロシアの小説家・劇作家。純粋な宗教心と国民教化の使命感をもっていたが、グロテスクで気味悪く、また、戯画的文学世界を創造。鋭い諷刺で社会の諸階層の生活を描く。『鼻』『外套』『検察官』『死せる魂』ほか。

2月22日　ロラン・バルト

1915. 11. 12〜
1980. 3. 26

構造主義は世界から歴史を抜きさるのではない。構造主義は歴史に、内容だけではなく(これは何度となくなされてきたことだ)、形式をもまた結びつけようとする。素材だけではなく、知的なものを、イデオロギー的なものだけではなく、審美的なものを、歴史に結びつけようとする。

『エッセ・クリティック』鈴村和成訳(『バルト／テキストの快楽』『現代思想の冒険者たち』21、講談社、一九九六年より)

フランスの評論家。構造主義や記号論を方法として用い、文学作品やさまざまな社会現象を分析し、批評の新しい姿を打ち出した。『零度のエクリチュール』『モードの体系』ほか。

ヤスパース 1883. 2. 23～1969. 2. 26　　2月23日

状況の中に捲き込まれて私自身に目醒めつつ、私は存在への問いを発する。状況の中にある私自身を漠《ばく》とした可能性として見いだしつつ、私は、私自身を本来的に発見するため、存在を探究しなければならない。しかも存在そのものを見いだそうとするこの試みの挫折の中でのみ、私は哲学するようになるのである。

（「私たちの状況から哲学することの開始」）

『哲学Ⅰ 哲学的世界定位』武藤光朗訳、創文社、一九九七年

ドイツの哲学者。ハイデガーとともに実存哲学の代表者。精神医学者として出発し、のち哲学に転じた。限界状況において人間は超越者と出会う可能性をもつが、それは超越者の送る暗号の解読によると説いた。『精神病理学総論』『現代の精神的情況』『理性と実存』など。

2月24日

三木清 1897.1.5〜1945.9.26

人生においては何事も偶然である。しかしまた人生においては何事も必然である。このような人生を我々は運命と称している。もし一切が必然であるなら運命というものは考えられないであろう。だがもし一切が偶然であるなら運命というものはまた考えられないであろう。偶然のものが必然の、必然のものが偶然の意味をもっている故に、人生は運命なのである。

(「希望について」)

『三木清全集』1、岩波書店、一九六六年

哲学者。兵庫県生れ。京大卒。ドイツへ留学、ハイデガーの影響を受け、帰国後、法大教授。マルクス主義哲学の研究から出発し、のち西田哲学に接近。第二次大戦末期、治安維持法違反で検挙、敗戦直後に獄死。『パスカルに於ける人間の研究』『唯物史観と現代の意識』など。

蓮　如　1415. 2. 25～1499. 3. 25　2月25日

一生すぎやすし。いまにいたりて、たれか百年の形体《ぎょうたい》をたもつべきや。我やさき、人やさき、けふともしらず、あすともしらず、おくれさきだつ人は、もとのしづく、すゑの露よりもしげしといへり。されば、朝《あした》には紅顔ありて、夕《ゆうべ》には白骨となれる身なり。すでに無常の風きたりぬれば、すなはちふたつのまなこたちまちにとぢ、ひとつのいきながくたえぬれば、紅顔むなしく変じて、桃李《とうり》のよそほひをうしなひぬるときは、六親眷属《ろくしんけんぞく》あつまりて、なげきかなしめども、更にその甲斐あるべからず。

『蓮如文集』笠原一男校注、岩波文庫、一九八五年

室町時代、浄土真宗中興の祖。「御文章《ごぶんしょう》」(「御文《おふみ》」とも)によって、京都を中心に、近江・北陸・近畿一帯で活発な布教活動を行い、本願寺を真宗を代表する強大な宗門に成長させた。引用はよく知られる「白骨の御文章(御文)」から。

2月26日

ユゴー 1802.2.26～1885.5.22

人間の歴史は下水溝渠《げすいこうきょ》の歴史に反映している。死体投棄の溝渠はローマの歴史を語っていた。パリーの下水道は古い恐るべきものであった。それは墳墓でもあり、避難所でもあった。罪悪、知力、社会の抗議、信仰の自由、思想、窃盗、人間の法律が追跡するまたは追跡したすべてのものは、その穴の中に身を隠していた。十四世紀の木槌暴徒《きづちぼうと》、十五世紀の外套盗賊《がいとうとうぞく》、十六世紀のユーグノー派、十七世紀のモラン幻覚派、十八世紀の火傷強盗、などは皆そこに身を隠していた。百年前には、夜中短剣がそこから現われてきて人を刺し、また掏摸《すり》は身が危うくなるとそこに潜み込んだ。森に洞穴《どうけつ》のあるごとく、パリーには下水道があった。

『レ・ミゼラブル』㈣、豊島与志雄訳、岩波文庫、一九八七年

フランスの詩人・小説家・劇作家。ナポレオン三世のクーデターに反抗して、英仏海峡の孤島に一時亡命するなど、その生涯はヒューマニズムの精神に貫かれていた。『レ・ミゼラブル』『死刑囚最後の日』『ライン河幻想紀行』ほか。

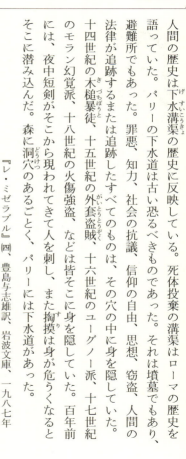

スタインベック 1902. 2. 27〜 1968. 12. 20　　2月27日

壁を作り、家を建て、ダムを建設し、そしてその壁、家、ダムのなかに、そこばくの人間自身をそそぎこむこと、そして人間自身に、壁、家、ダムの力をそこばくでも取りいれること、その建設からたくましい筋肉を得、その構想から明瞭な線と形を獲得すること。なぜなら、人間は、この宇宙における、有機物、無機物を問わず、ほかのどんなものとも違って、自分の創《つく》り出すものを越えて成長し、自分の考えの階段を踏みのぼり、自分のなしとげたもののかなたに立ちあらわれるものだからだ。

『怒りのぶどう』(上)、大橋健三郎訳、岩波文庫、一九六一年

アメリカの小説家。生れ故郷のカリフォルニアを舞台に、貧農の生活などを広い社会的関連で描く。『二十日鼠と人間たち』『怒りのぶどう』『エデンの東』ほか。ノーベル賞受賞。

2月28日

メダウォー 1915. 2. 28〜1987. 10. 2

根源的なことがらについての疑問、たとえば人間の起源や目的、運命などに関する問いに対しては、われわれは決して答えられないかもしれない。しかし、個人としてであれ、政治的な人間としてであれ、われわれは将来起こることがらに対して多少の発言権があるはずだ。われわれの運命は、われわれ自身が作るもの以外のどのようなものでありうるだろうか？

『科学の限界』加藤珪訳、地人書館、一九八七年

イギリスの動物学者・免疫学者。ブラジル生れ。組織移植時の拒絶反応を研究、免疫寛容の現象の発見でノーベル賞を受賞。『科学の限界』『発見から創造へ』など。

菅茶山《かんちゃざん》 1748. 2. 2～1827. 8. 13

2月29日

冬夜《とうや》の読書《どくしょ》
雪《ゆき》は山堂《さんどう》を擁《よう》して樹影《じゅえい》深《ふか》し
檐鈴《えんれい》動《うご》かず　夜沈沈《よるちんちん》
閑《しず》かに乱帙《らんちつ》を収《おさ》めて疑義《ぎぎ》を思《おも》う
一穂《いっすい》の青灯《せいとう》　万古《ばんこ》の心《こころ》

＊檐鈴　軒につるした風鈴。　乱帙　帙からとり出して散らかした書物。

『菅茶山・六如(りくにょ)』黒川洋一注(『江戸詩人選集』4、岩波書店、一九九〇年)

江戸後期の漢詩人。備後神辺(かんなべ)の人。京都の那波(わな)魯堂に学び、帰郷して廉塾を開く。詩に長じ、宋詩を唱道。頼山陽の師。「黄葉夕陽村舎詩」「筆のすさび」など。

3　月

紫式部 978頃〜1014頃　3月1日

午《うま》の時に、空晴れて朝日さしいでたる心地す。たひらかにおはしますうれしさのたぐひもなきに、をとこにさへおはしましけるよろこび、いかがはなのめならむ。昨日しをれくらし、今朝のほど朝霧におぼほれつる女房など、みな立ちあかれつつやすむ。御前には、うちねびたる人々の、かかるをりふしつきづきしきさぶらふ。

＊たひらかに… 安産だった。 なのめ なみ一通り。 おぼほれつる ぼんやりしていた。 立ちあかれ その場を去って。 うちねびたる 年を重ねて経験ゆたかな。 つきづきしき ふさわしい人。

『紫式部日記』池田亀鑑・秋山虔校注、岩波文庫、一九六四年

平安中期の物語作家。「紫式部」は女房名。藤原宣孝《のぶたか》に嫁したが、死別。のち上東門院(一条天皇の中宮彰子)に仕え、その間、藤原道長ほか殿上人から重んじられた。『源氏物語』『紫式部日記』『紫式部集』。引用は、寛弘五(一〇〇八)年九月一一日、中宮彰子が皇子(のちの後一条天皇)を出産した条。

3月2日　D.H.ロレンス 1885.9.11〜1930.3.2

翌日彼女は森へ出かけた。曇った、静かな午後で、暗緑色の山藍《やまあい》が榛《はしばみ》の矮林《わいりん》の下に拡《ひろ》がっていた。すべての樹木は音も立てずに芽を開こうとつとめていた。巨大な槲《かしわ》の木の樹液の、ものすごい昂《たか》まり。上へ上へと騰《あが》って芽の先まで届き、そこで血のような赤銅色《しゃくどういろ》の、小さな焔《ほのお》かとも思われる若葉となって開こうとする力を、彼女は今日は自分のからだの中に感じた。それは上へ上へと脹《ふく》れあがり、空に拡がる潮《うしお》のようなものだった。

『完訳 チャタレイ夫人の恋人』伊藤整・伊藤礼訳、新潮文庫、一九九六年

イギリスの詩人・小説家。精神分析的な技法で性と恋愛の問題を大胆に追求、性による人間性の回復を構想した。小説に『息子たちと恋人たち』『虹』『チャタレイ夫人の恋人』など、詩集に『鳥・獣・花』など。

竹内好 1910. 10. 2〜 1977. 3. 3

3月3日

日本の天皇制やファシズムについて、社会科学者の分析があるが、私たちの内部に骨がらみになっている天皇制の重みを、苦痛の実感で取り出すことに、私たちはまだまだマジメでない。ドレイの血を一滴、一滴しぼり出して、ある朝、気がついてみたら、自分が自由な人間になっていた、というような方向での努力が足りない。それが八・一五の意味を、歴史のなかで定着させることをさまたげているように思う。

（「屈辱の事件」）

『日本と中国のあいだ』文藝春秋、一九七三年

中国文学者・評論家。魯迅の研究・翻訳を中心に戦後の言論界で独自の発言を展開。近代日本への根源的批判を投げかけた。『魯迅』『国民文学論』『日本のアジア主義』など。

3月4日

孔　子　前551〜前479

暮春《ぼしゅん》には、春服既に成る。冠する者五、六人、童子六、七人、沂《き》に浴し、舞雩《ぶう》に風し、詠じて帰らん。夫子《ふうし》、喟然《きぜん》として歎じて曰く、吾れは点に与《くみ》せん。

（『論語』先進）

春四月ともなれば、春の装《よそお》いに着かえ、若者五、六人、子供六、七人をひきつれて遊山に出、沂水の川で浴《ゆあみ》し、舞雩の広場で風に吹かれ、歌を口ずさみながら帰ってきましょう。それを聞いた孔子が深い歎息をもらして、曰く、私は点に賛成だ。

『現代語訳　論語』宮崎市定、岩波現代文庫、二〇〇〇年

中国、儒家の祖。名は丘、字は仲尼(ちゅうじ)。仁を理想の道徳とし、孝悌と忠恕とをもって理想を達成する根底とした。諸国を歴遊して治国の道を説いたが用いられず、教育と著述とに専念した。『論語』はその言行録。引用は、孔子が若い弟子たちに抱負を尋ねたときの点(曾点)の答。

杜　甫　712〜770　　3月5日

国《くに》破《やぶ》れて山河《さんが》在《あ》り
城春《しろはる》にして草木《そうもく》深《ふか》し
時《とき》に感《かん》じては花《はな》にも涙《なみだ》を濺《そそ》ぎ
別《わか》れを恨《うら》んでは鳥《とり》にも心《こころ》を驚《おどろ》かす
（「春望《しゅんぼう》」）

都は打ち壊されても山河は存する。城内は春になって草木が生い茂る。時節に心は痛み、花を見ても涙がこぼれ、別離を悲しみ、鳥の囀《さえず》りにも心はおののく。

『新編 中国名詩選』（中）、川合康三編訳、岩波文庫、二〇一五年

盛唐の詩人。一時宮廷に仕えたが、後半生を放浪のうちに過す。その詩は格律厳正、律詩の完成者とされる。戦乱の時代にあって、社会を鋭く見つめた叙事詩に長じ、李白と並ぶ代表的詩人である。

3月6日

菊池寛 1888. 12. 26〜1948. 3. 6

芸術のみにかくれて、人生に呼びかけない作家は、象牙の塔にかくれて、銀の笛を吹いているようなものだ。それは十九世紀ころの芸術家の風俗だが、まだそんな風なポーズを欣《よろこ》んでいる人が多い。文芸は経国の大事、私はそんな風に考えたい。生活第一、芸術第二。

（「文芸作品の内容的価値」）

『新潮』大正一一年（一九二二）七月

作家。香川県生れ。芥川龍之介らと第三次・第四次『新思潮』を発刊。『忠直卿行状記』『恩讐の彼方に』、戯曲『父帰る』『藤十郎の恋』などを発表、のち長編通俗小説に成功。また、雑誌『文藝春秋』を創刊し、作家の育成、文芸の普及に貢献した。

笑いは深い世界観的な意味を持つ。笑いは統一体としての世界、歴史、人間に関する真理の本質的形式である。それは世界に対する特殊な普遍的観点である。この観点は世界を別な面から見るが、厳粛な観点よりも本質をつく度が少ないわけではない(多くはないとしても)。

『フランソワ・ラブレーの作品と中世・ルネッサンスの民衆文化』川端香男里訳、せりか書房、一九七三年

ロシアの哲学者・文芸評論家。ドストエフスキーやラブレーを論じる中で、小説の作者と作中人物との対話関係を説いた。作者は自己の内に無数の他者を孕んでいるとする。『ドストエフスキーの詩学の諸問題』ほか。

詩　経

桃《もも》の夭夭《ようよう》たる
灼灼《しゃくしゃく》たり　其《そ》の華《はな》
之《こ》の子《こ》　于《ゆ》き帰《とつ》がば
其《そ》の室家《しっか》に宜《よろ》しからん

桃は若やぐ。
輝くその花。
この子がお嫁に行ったなら、
そのお家《うち》にもふさわしい。
（「桃夭《とうよう》」）

『新編　中国名詩選』(上)、川合康三編訳、岩波文庫、二〇一五年

五経の一。中国最古の詩集。孔子の編といわれる。殷（いん）の世から春秋時代までの詩を国風・雅・頌の三部門に大別。国風は各国の風俗をあらわした詩歌・俗謡。雅は王政・朝廷にかかわる音楽、頌は宗廟での楽歌。

永井荷風 1879. 12. 3〜 1959. 4. 30

3月9日

余は五、六歩横町に進入りしが洋人の家の樫の木と余が庭の椎の大木炎々として燃上り黒烟《こくえん》風に渦巻き吹つけ来るに辟易《へきえき》し、近づきて家屋の焼け倒るるを見定《みさだむ》ること能《あた》わず。唯《ただ》火焰の更に一段烈しく空に上るを見たるのみ。これ偏奇館楼上少からぬ蔵書の一時に燃るがためと知られたり。

（一九四五年三月九日）

『摘録 断腸亭日乗』㈦、磯田光一編、岩波文庫、一九八七年

小説家。本名、壮吉。東京生れ。広津柳浪に師事。当代文明への嫌悪を語りながら、江戸戯作の世界に隠れ、花柳界の風俗を描いた。『あめりか物語』『腕くらべ』『おかめ笹』『濹東綺譚』などのほか、日記『断腸亭日乗』。

3月10日　李　白 701〜762

両人《りょうにん》対酌《たいしゃく》して山花《さんか》開《ひら》く
一杯《いっぱい》　一杯《いっぱい》　復《ま》た一杯《いっぱい》
我《われ》は酔《よ》いて眠《ねむ》らんと欲《ほっ》す　卿《きみ》且《しばら》く去《さ》れ
明朝《みょうちょう》　意《い》有《あ》らば琴《きん》を抱《いだ》いて来《きた》れ

（「山中《さんちゅう》にて幽人《ゆうじん》と対酌《たいしゃく》す」）

二人酌み交わすところに山の花が開く。一杯、一杯、また一杯。おれは酔っぱらって眠くなった、君はひとまず帰れ。明日になってその気があれば、琴《きん》をかかえてやってこい。

＊幽人　隠者。

『新編　中国名詩選』㈥、川合康三編訳、岩波文庫、二〇一五年

盛唐の詩人。四川の人。字は太白。一時、玄宗皇帝に宮廷詩人として仕えるが、中傷にあって追放され、各地を遍歴する。晩年、王子の反乱に座して流罪。酒を好み、酔って水中の月を捕えようとして溺死したと伝える。その詩は天馬行空（てんばこうくう）と称される。

マルコ・ポーロ 1254〜1324

サパング(日本国)は東方の島で、大洋の中にある。大陸から一五〇〇マイル離れた大きな島で、住民は肌の色が白く礼儀正しい。また、偶像崇拝者である。島では金が見つかるので、彼らは限りなく金を所有している。しかし大陸からあまりに離れているので、この島に向かう商人はほとんどおらず、そのため法外の量の金で溢れている。

この島の君主の宮殿について、一つ驚くべきことを語っておこう。その宮殿は、ちょうど私たちキリスト教国の教会が鉛で屋根をふくように、屋根がすべて純金で覆われているので、その価値はほとんど計り知れないほどである。

『全訳 マルコ・ポーロ 東方見聞録』月村辰雄・久保田勝一訳、岩波書店、二〇〇二年

イタリアの商人・旅行家。ヴェネチア生れ。父と叔父に伴われて元(げん)に赴き、フビライに謁して任官。中国各地を見聞、インド洋・黒海経由で帰国。ジェノヴァとの戦いで捕虜となり、獄中で『東方見聞録』を口述。ヨーロッパ人の東洋観に大きな影響を与えた。

3月12日

伊東静雄 1906.12.10〜1953.3.12

この蒼空《あおぞら》のための日は
静かな平野へ私を迎へる
寛《おだ》やかな日は
またと来ないだらう
そして蒼空は
明日も明けるだらう

（「咏唱」）

『伊東静雄詩集』杉本秀太郎編、岩波文庫、一九八九年

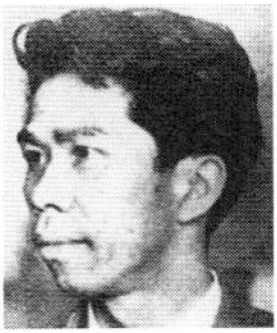

詩人。長崎県諫早（いさはや）生れ。悲壮感に富み、洗練された技巧的な作風を樹立。詩集『わが人に与ふる哀歌』『春のいそぎ』ほか。

ブーバー 1878. 2. 8〜1965. 6. 13　3月13日

メロディーは音から成り立っているのではなく、詩は単語から成り立っているのではなく、彫刻は線から成り立っているのではない。これらを引きちぎり、ばらばらに裂くならば、統一は多様性に分解されてしまうにちがいない。このことは、わたしが〈なんじ〉と呼ぶひとの場合にもあてはまる。わたしはそのひとの髪の色とか、話し方、人柄などをとり出すことができるし、つねにそうせざるを得ない。しかし、そのひとはもはや〈なんじ〉ではなくなってしまう。

（『我と汝』）

『我と汝・対話』植田重雄訳、岩波文庫、一九七九年

ウィーン生れのユダヤ系哲学者。晩年はエルサレムのヘブル大教授。世界は「我ー汝」「我ーそれ」という二つの根源語で二分され、前者によって信仰や愛の世界が存立するという。『我と汝』『対話的原理に関する書』ほか。

3月14日　　マルクス 1818. 5. 5〜 1883. 3. 14

自然の人間的本質は、社会的人間にとってはじめて現存する。……ここにはじめて人間の自然的なあり方が、彼の人間的なあり方となっており、自然が彼にとって人間となっているのである。それゆえ、社会は、人間と自然との完成された本質統一であり、自然の真の復活であり、人間の貫徹された自然主義であり、また自然の貫徹された人間主義である。

『経済学・哲学草稿』城塚登・田中吉六訳、岩波文庫、一九六四年

ドイツの経済学者・哲学者。ドイツ観念論・空想的社会主義・古典経済学を批判的に摂取し、エンゲルスとともに科学的社会主義の立場を創始。国際的社会主義運動のために尽した。『資本論』『共産党宣言』『ドイツ・イデオロギー』ほか。『経済学・哲学草稿』は初期の手稿。

平塚らいてう 1886. 2. 10〜1971. 5. 24

3月15日

元始、女性は実に太陽であった。真正の人であった。今、女性は月である。他に依って生き、他の光によって輝く病人のような蒼白《あおじろ》い顔の月である。

私どもは隠されてしまった我が太陽を今や取戻《とりもど》さねばならぬ。(『青鞜』創刊の辞)

『平塚らいてう評論集』小林登美枝・米田佐代子編、岩波文庫、一九八七年

婦人運動家。一九一一年、雑誌『青鞜』を創刊、「新しい女」を標榜し、女性解放ののろしをあげた。その後は婦人参政権運動などに尽力、戦後は平和運動のシンボル的存在として活躍した。自伝『元始、女性は太陽であった』。

3月16日

額《ぬか》田《たの》王《おおきみ》 生没年未詳

あかねさす紫野《むらさきの》行《ゆ》き標野《しめの》行き野守《のもり》は見ずや君が袖振る

熟田津《にきたつ》に船乗《ふなの》りせむと月待てば潮《しほ》もかなひぬ今は漕《こ》ぎ出でな

君待つとわが恋ひをればわが屋戸《やど》のすだれ動かし秋の風吹く

『万葉集』㈠(『日本古典文学大系』4、高木市之助ほか校注、岩波書店、一九五七年)

斉明朝(六五五—六六一)から持統朝(六九〇—六九七)の万葉歌人。鏡王(かがみのおおきみ)の女(むすめ)。大海人皇子(おおあまのおうじ)(のちの天武天皇)の寵を受けて十市皇女(とおちのひめみこ)を生んだ。『万葉集』に収められた一一首の歌は雄渾・優艶。

マルクス・アウレリウス　121. 4. 26〜180. 3. 17　3月17日

人は田舎や海岸や山にひきこもる場所を求める。君もまたそうした所に熱烈にあこがれる習癖がある。しかしこれはみなきわめて凡俗な考え方だ。というのは、君はいつでも好きなときに自分自身の内にひきこもることが出来るのである。実際いかなる所といえども、自分自身の魂の中にまさる平和な閑寂な隠家《かくれが》を見出すことはできないであろう。

『自省録』神谷美恵子訳、岩波文庫、一九五六年

古代ローマの皇帝。ストア学派の哲学者でもあった。辺境諸族との戦いに東奔西走したが、その合間のわずかな時間に日々の行動を点検し記した『自省録』には、人間性のあくなき追求がみられる。

3月18日　エーリッヒ・フロム 1900. 3. 23〜1980. 3. 18

十九世紀においては神が死んだことが問題だったが、二十世紀では人間が死んだことが問題なのだ。十九世紀において、非人間性とは残忍という意味だったが、二十世紀では、非人間性は精神分裂病的な自己疎外を意味する。人間が奴隷になることが、過去の危険だった。未来の危険は、人間がロボットとなるかもしれないことである。たしかにロボットは反逆しない。しかし人間の本性を与えられていると、ロボットは生きられず、正気でいられない。

『正気の社会』加藤正明・佐瀬隆夫訳（『世界の名著』続14、中央公論社、一九七四年）

ドイツ生れの精神分析学者・社会学者。フロイトの精神分析とマルクス主義とを結びつけて社会的性格論を展開した。ヒューマニズムと自己実現論を基調とする。『自由からの逃走』ほか。

ボンヘッファー 1906. 2. 4〜1945. 4. 9　3月19日

愚かさは悪よりもはるかに危険な善の敵である。悪に対しては抗議することができる。それを暴露し、万一の場合には、これを力ずくで妨害することもできる。悪は、少なくとも人間の中に不快さを残していくことによって、いつも自己解体の萌芽をひそませている。愚かさに対してはどうしようもない。（『十年後』）

E・ベートゲ編『ボンヘッファー獄中書簡集』村上伸訳、新教出版社、一九八八年

ドイツの牧師・神学者。告白教会を拠点にナチスに対する抵抗運動を展開、一九四三年に逮捕され、のち強制収容所で処刑された。『倫理』『獄中書簡集』など。

ライト・ミルズ

1916. 8. 28〜
1962. 3. 20

いかなる保守主義的イデオロギーをも持たぬ保守的な国家であるアメリカは、今や、むき出しの、恣意的な権力として、全世界の前に立ち現われている。その政策決定者たちは、現実主義の名において、世界の現実について気狂いじみた定義を下し、それを押しつけている。精神的能力においては第二級の人物が支配的地位を占め、凡庸なことを重々しくしゃべっている。そこでは自由主義的言辞と保守的ムードが蔓延《まんえん》し、前者では曖昧さが、後者では非合理性が原則となっている。

『パワー・エリート』(下)、鵜飼信成・綿貫譲治訳、東京大学出版会、一九五八年

アメリカの社会学者。マルクス、フロイトの影響下に現代アメリカの大衆社会状況の構造を批判的に分析。とくに『パワー・エリート』は学界、ジャーナリズムに衝撃を与えた。『ホワイト・カラー』『社会学的創造力』など。

ソクラテス 前470〜前399

3月21日

しかしもう去るべき時が来た——私は死ぬために、諸君は生きながらえるために。もっとも我ら両者のうちのいずれがいっそう良き運命に出逢うか、それは神より外に誰も知る者がない。

(『ソクラテスの弁明』)

プラトン『ソクラテスの弁明 クリトン』久保勉訳、岩波文庫、一九六四年

古代ギリシアの哲人。アテナイで活動。問答を通じて相手にその無知を自覚させることから出発し、ともに徳(実践的能力)に到達しようと努めたが、アテナイ市民に容れられず、告発されて死刑に処せられた。その教説は弟子プラトンによって伝えられる。

3月22日

丸山真男 1914.3.22～1996.8.15

自由は置き物のようにそこにあるのでなく、現実の行使によってだけ守られる、いいかえれば日々自由になろうとすることによって、はじめて自由でありうるということなのです。その意味では近代社会の自由とか権利とかいうものは、どうやら生活の惰性を好む者、毎日の生活さえ何とか安全に過せたら、物事の判断などはひとにあずけてもいいと思っている人、あるいはアームチェアから立ち上るよりもそれに深々とよりかかっていたい気性の持主などにとっては、はなはだもって荷厄介《にやっかい》なしろ物だといえましょう。

(「「である」ことと「する」こと」)
『日本の思想』岩波新書、一九六一年

政治思想史学者。大阪府生れ。東大法学部卒、同教授。日本の政治学を学問として確立し、戦後日本の民主主義思想を主導した。『日本政治思想史研究』『現代政治の思想と行動』『日本の思想』など。

イエス 前4頃〜後28 3月23日

さて、第六刻から、地のすべてを闇《やみ》が襲《おそ》い、第九刻に及んだ。また、第九刻頃に、イエスは大声を上げて叫《さけ》び、言った、「エリ、エリ、レマ、サバクタニ」。これは、わが神よ、わが神よ、なぜ私をお見棄《みす》てになったのか、という意味である。そこで、そこに立っていた者のうち何人かが、これを聞いて言い出した、「こいつはエリヤを呼んでいるぞ」。すると、すぐさま彼らの一人が走って行き、そして海綿《かいめん》をとって酢《す》で満たした後《のち》、葦《あし》の先につけ、彼に飲まそうとした。しかしほかの者たちが言った、「やめろ。エリヤがやって来てこいつを救《すく》うかどうか、見てやることにしよう」。しかしイエスは、再び大声で叫びながら、息を引き取った。

（『マタイによる福音書』）

＊第六刻 ほぼ正午頃。 第九刻 午後三時頃。

『新約聖書I マルコによる福音書 マタイによる福音書』佐藤研訳、岩波書店、一九九五年

キリスト教の祖。大工ヨセフとその妻マリアとの子として生まれた。三〇歳の頃、家を出、神の国の来臨の近いことを告げて、ユダヤ民族の悔改（くいあらため）を迫った。讒訴（ざんそ）され十字架にかけられたが、弟子たちはその復活を信じて新運動を開始、キリスト教が興起した。

3月24日　ラスキ 1893. 6. 30〜1950. 3. 24

一口にいえば、キリスト教が解決しようとした問題は、一方には貧民における貧困の存在と、他方には富者の富を侵犯から防衛する国家権力と、この二つをいかに和解させるかということにあった。そしてその問題を、一切露骨に本質だけをいえば、彼等は、貧民たちに、富者には困難な来世の救済を約束することによって、解決したのであった。

『信仰・理性・文明』中野好夫訳、岩波書店、一九五一年

イギリスの政治学者。ロンドン大学教授、労働党執行委員。マルクス主義の影響下、社会主義と個人的自由との調和を求める立場をとった。『近代国家における自由』『現代革命の考察』『信仰・理性・文明』など。

島崎藤村 1872. 2. 17〜 1943. 8. 22

3月25日

愛憎の念を壮《さか》んにしたい。愛することも足りなかった。憎むことも足りなかった。頑執《がんしゅう》し盲排《もうはい》することは湧《わ》き上って来るような壮んな愛憎の念からではない。あまり物事に淡泊では、生活の豊富に成り得ようがない。長く航海を続けて陸地に恋い焦《こが》るるものは、往々にして土を接吻するという。そこまで愛憎の念を持って行きたい。

（「愛憎の念」）

『藤村随筆集』十川信介編、岩波文庫、一九八九年

詩人・小説家。長野県生れ。詩集『若菜集』などでロマン主義的詩風を示す。小説『破戒』により作家の地位を確立、自然主義文学の先駆とされる。『夜明け前』『新生』『家』『千曲川のスケッチ』ほか。

ドーキンス 1941. 3. 26〜

純粋で、私欲のない利他主義は、自然界には安住の地のない、そして世界の全史を通じてかつて存在したためしのないものである。しかし私たちは、それを計画的に育成し、教育する方法を論じることさえできるのだ。われわれは遺伝子機械として組立てられ、ミーム機械として教化されてきた。しかしわれわれには、これらの創造者にはむかう力がある。この地上で、唯一われわれだけが、利己的な自己複製子たちの専制支配に反逆できるのである。

『利己的な遺伝子』日高敏隆ほか訳、紀伊國屋書店、一九九一年

イギリスの生物学者。『利己的な遺伝子』の出版で生物学界に大きな衝撃を与えた。遺伝子の目的は自己自身を残すことであり、個体や種の保存ではない、個体とは遺伝子を運ぶ乗り物である、とした。

大伴家持《やかもち》 717頃〜 785. 8. 28

3月27日

春の苑《その》 紅《くれなゐ》にほふ桃の花下照《したで》る道に出で立つ少女《をとめ》

春の野に霞たなびきうら悲しこの夕かげに 鶯《うぐひす》鳴くも

うらうらに照れる春日《はるび》に雲雀《ひばり》あがり情悲《こころかな》しも独《ひと》りしおもへば

『万葉集』㈣(『日本古典文学大系』7、高木市之助ほか校注、岩波書店、一九六二年)

奈良時代の万葉歌人。三十六歌仙の一人。大伴旅人(たびと)の子。越中守をはじめ、中央・地方諸官を歴任、七八三年、中納言。万葉集中で歌数が最も多く、その編纂者の一人に擬せられる。繊細で感傷的な歌風は万葉後期を代表する。

3月28日　ゴーリキー 1868. 3. 28～1936. 6. 18

幼年のころ、わたしはみずから自分を蜂の巣のように想像した。さまざまのなんでもない、ごく平凡な人びとが、生活についての自分の知識や思考の蜜を蜜蜂のようにそこへ運んできては、だれでもできるものでわたしの精神を惜しげなく富ましてくれるのだ。しばしばこの蜜はきたなく、またにがいことがあったけれども、あらゆる知識は――やっぱり蜜であった。

『幼年時代』湯浅芳子訳、岩波文庫、一九六八年

ロシア・ソ連の小説家・劇作家。奔放な放浪者を描いて世紀末ロシア文学に新風を吹き込んだが、のちに社会主義リアリズムの大御所として活躍。ソ連作家同盟初代議長。『どん底』『母』『幼年時代』ほか。

ディドロ 1713. 10. 5～1784. 7. 31　3月29日

ラブレーの修道士の知恵は、自分の安泰のためにも、ほかの人々の安泰のためにも、本当の知恵ですよ。曲りなりにも自分の義務を果し、いつも僧院長さんのことをよく言い、世界を勝手気儘に運行させておくという奴です。それで大部分の者が満足するんだから、世界は丸く納まるわけでさ。わしがもし歴史を知っていたら、悪はいつでも誰か天才の手をへてこの地上にやって来たということを、あんたに証明して見せるんだがなあ。

『ラモーの甥』本田喜代治・平岡昇訳、岩波文庫、一九六四年

フランスの作家・思想家。ダランベールとともに「百科全書」を編纂・刊行。該博な知識と多方面の才能をもち、小説『ラモーの甥』のほか、哲学・文学・美術・演劇などに関する多くの著作がある。

3月30日　ヴェルレーヌ　1844.3.30〜1896.1.8

秋の日の
ギオロンの
ためいきの
身にしみて
ひたぶるに
うら悲し。

鐘のおとに
胸ふたぎ
色かへて
涙ぐむ
過ぎし日の
おもひでや。

げにわれは
うらぶれて
ここかしこ
さだめなく
とび散らふ
落葉《おちば》かな。

（「落葉《らくえふ》」）

上田敏『海潮音』（『上田敏全訳詩集』山内義雄他編、岩波文庫、一九六二年より）

フランスの詩人。フランス象徴派の代表的存在。詩集『華やかな饗宴』『ことばなき恋歌』『叡知』など。「秋の歌」は上田敏の訳詩「落葉」として広く知られている。

ニュートン 1642. 12. 25〜 1727. 3. 31

3月31日

世間の人びとの目に私という人間がどう映るかはわからない。しかし、私自身には、目の前に真理の大海が未知のまま広がっているというのに、私ときたらただ浜辺で遊び戯れ、時おり普通のものよりも滑らかな小石やきれいな貝殻を見つけては喜ぶ子供のようなものだった、としか思えない。

ブルースター『ニュートン伝』一八五五年(『バートレット引用句辞典』所収、編者訳出)

イギリスの物理学者・天文学者・数学者。力学体系を構築し、万有引力の原理を導入した。また微積分法の発明、光のスペクトル分析などの業績がある。近代科学の建設者。主著『プリンキピア(自然哲学の数学的原理)』。

4　月

チェ・ゲバラ 1928. 6. 14〜 1967. 10. 9　　4月1日

僕はこの地に、僕を息子のように受け入れてくれた国民を残し、僕はこの地に、僕自身の一部を残して行く。僕は、新しい戦場に、君が僕に吹き込んでくれた信念と、わが国民の革命魂と、もっとも神聖な革命家としての義務を果すための良心をたずさえて出かける。帝国主義のあるところ、いたるところで戦う。それが僕の決意を固め、僕の苦痛を柔らげよう。

（フィデル・カストロ宛書簡、一九六五年四月一日）

『ゲバラ 革命の回想』真木嘉徳訳、筑摩書房、一九七一年

中南米の革命家。アルゼンチン生れ。キューバ革命に参加し、カストロ政権下で要職を歴任。ボリビアでゲリラ軍の指揮中に捕えられて殺害される。「チェ」は愛称。

アンデルセン 1805. 4. 2〜1875. 8. 4

そのとき、貧しい家の子供たちのうちでいちばん下の子がはいってきました。それは小さい女の子でした。その子は兄さんと姉さんの首にかじりつきました。なにかとても大事なことを話しにきたのです。でもそれは、ないしょで言わなければならないことでした。「あたしたち、今夜ね――なんだと思う？――あたしたち、今夜ね。あたたかいジャガイモがたべられるのよ！」そして女の子の顔は幸福に光りかがやきました。ろうそくがその顔をまともに照らしました。

（「ろうそく」）

『完訳 アンデルセン童話集』(七)、大畑末吉訳、岩波文庫、一九八四年

デンマーク語名アネルセン。デンマークの詩人・作家。長編小説『即興詩人』、連作短編集『絵のない絵本』、自伝『わが生涯の物語』のほか、「火打箱」「親指姫」「人魚姫」など一五〇編を超える童話で著名。

李　賀　791〜817　　4月3日

長安《ちょうあん》に男児《だんじ》有《あ》り
二十《にじゅう》にして　心《こころ》已《すで》に朽《く》ちたり
楞伽《りょうが》　案前《あんぜん》に堆《うずたか》く
楚辞《そじ》　肘後《ちゅうご》に繋《か》かる
人生《じんせい》　窮拙《きゅうせつ》有《あ》り
日暮《にちぼ》　聊《いささ》か酒《さけ》を飲《の》む
祇《た》だ今《いま》　道《みち》已《すで》に塞《ふさ》がる
何《なん》ぞ必《かなら》ずしも白首《はくしゅ》を須《ま》たん

長安の一人の男。
二十にして心はすでに朽ちた。
楞伽経《りょうがきょう》を机の前に積み上げ、
楚辞を手元に置く。
人生、行き詰まることがあり、
日暮れてまずは酒でもあおる。
今この時、道はもう先がない。
白髪になる時を待つこともないのだ。

（「陳商に贈る」）

『新編　中国名詩選』(下)、川合康三編訳、岩波文庫、二〇一五年

中唐の詩人。字は長吉（ちょうきつ）。七歳にして詩文をよくし、韓愈（かんゆ）らを驚かせた。父の名が晋粛だから進士になるのは諱（いみな）をおかすという理由で科挙への途をはばまれ、失意のうちに二七歳で没した。後世、「鬼才」と呼ばれる。

4月4日　モーツァルト　1756. 1. 27～1791. 12. 5

死は(厳密に考えて)われわれの一生の真の最終目標なのですから、私は数年この方、人間のこの真の最善の友ととても親しくなって、その姿が私にとってもう何の恐ろしいものでもなくなり、むしろ多くの安らぎと慰めを与えるものとなっています！　そして、神さまが私に、死がわれわれの真の幸福の鍵だと知る機会を(私の申すことがお分かりになりますね)幸いにも恵んで下さったことを、ありがたいと思っています。私は、(まだこんなに若いのですが)もしかしたら明日はもうこの世にいないのではないかと、考えずに床につくことは一度もありません。

(一七八七年四月四日付、父宛書簡)

『モーツァルトの手紙』(下)、柴田治三郎編訳、岩波文庫、一九八〇年

オーストリアの作曲家。ウィーン古典派三巨匠の一人。短い生涯に六〇〇以上の曲を書き、ウィーン古典派様式を確立した。多くの交響曲・協奏曲・室内楽曲のほか、歌劇「フィガロの結婚」「ドン・ジョヴァンニ」「魔笛」などがある。

ホッブズ 1588. 4. 5〜1679. 12. 4

第一に、私は、全人類の一般的性向として、つぎからつぎへと力をもとめ、死においてのみ消滅する、永久の、やすむことのない意欲をあげる。そして、このことの原因は、かならずしもつねに、人が、すでに取得したよりも強度のよろこびを希望するとか、ほどよい力に満足できないとかいうことではなくて、かれが現在もっている、よく生きるための力と手段を確保しうるためには、それ以上を獲得しなければならないからなのである。

『リヴァイアサン』㈠、水田洋訳、岩波文庫、一九九二年

イギリスの哲学者。自然状態では人間は万人の万人に対する闘いの状態にあるが、相互の契約によって主権者としての国家を作り、それによって平和が確立されることを説く。主著『リヴァイアサン』。

4月6日　ジェームズ・ワトソン　1928. 4. 6〜

冷え切った、ほとんど暖房のきいていない汽車の客室で、私はB型の模様について覚えていることを新聞のすみの余白に書きとめた。それからケンブリッジへ向かってガタガタと走る汽車の振動に身をまかせながら、二本鎖と三本鎖のどちらが正しいか考えてみた。……自転車でカレッジへ帰り、裏門をのり越えるころには、私の腹は決まっていた。二本鎖で模型を組み立ててみよう。フランシスも賛成してくれるにちがいない。

＊B型の模様　二重らせん構造を証拠だてるDNAのX線回折像。

『二重らせん』江上不二夫・中村桂子訳、講談社文庫、一九八六年

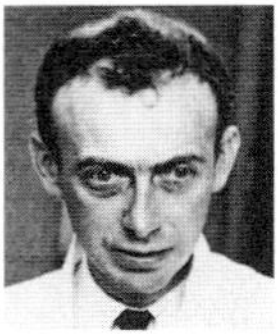

アメリカの分子生物学者。シカゴ生れ。一九五三年、フランシス・クリックとともにDNA分子の二重らせん構造モデルを提唱。『二重らせん』は、モデル提唱に至るまでの生々しい記録である。ノーベル賞受賞。

法　然　1133. 4. 7～1212. 1. 25　　4月7日

念仏を信ぜん人は、たとひ一代の法を能々《よくよく》学すとも、一文不知《いちもんふち》の愚鈍《ぐどん》の身になして、尼入道《あまにゅうどう》の無智《むち》のともがらに同《おなじゅう》して、智者《ちしゃ》のふるまいをせずして、只《ただ》一かうに念仏すべし。

（「一枚起請文」）

『法然　一遍』大橋俊雄校注（『日本思想大系』10、岩波書店、一九七一年）

浄土宗の開祖。諱（いみな）は源空。美作（みまさか）の人。四三歳のとき専修（せんじゅ）念仏に帰し、東山吉水（よしみず）で浄土法門を説き、また、大原で南都北嶺の僧徒と法門を論じた。『選択（せんちゃく）本願念仏集』ほか。黒谷（くろだに）上人・吉水上人。

4月8日

ブッダ　前463.4.8〜前383.2.15

いかなる生物《いきもの》生類《しょうるい》であっても、怯《おび》えているものでも強剛《きょうごう》なものでも、悉《ことごと》く、長いものでも、大きなものでも、中くらいのものでも、短いものでも、微細なものでも、粗大《そだい》なものでも、目に見えるものでも、見えないものでも、遠くに住むものでも、近くに住むものでも、すでに生まれたものでも、これから生まれようと欲するものでも、一切の生きとし生けるものは、幸せであれ。

『ブッダのことば(スッタニパータ)』中村元訳、岩波文庫、一九八四年

仏教の開祖。ゴータマ・シッダールタ。インド・ネパール国境沿いの小国カピラバストゥの王子だったが、生老病死の四苦を脱するために、二九歳のとき、宮殿を逃れて苦行。三五歳のとき、ブッダガヤーの菩提樹下に悟りを得てブッダ(覚者)となった。その教説は仏典の形で伝えられる。生没年には諸説ある。

田宮虎彦 1911. 8. 5〜 1988. 4. 9

4月9日

孟冬十月二十日（新暦十二月三日）、例年ならば黒菅《くろすげ》の城下には霏々《ひひ》として白雪が舞っている頃である。だが、この年は何故か雪がおそかった。五日前の夜、亥《い》の下刻《げこく》に及んで初雪が僅かに降ったが、それも程なくやんで、夜明けとともに、冴《さ》えた藍《あい》いろの空が粟粒ほどのぞいたかと思うと、重たく淀《よど》んだ雪雲がみるみる黒菅盆地の刈りあとの田面《たのも》を這《は》って飛び散り、あくまで澄んだ初冬の空が、また柔かい和毛《にこげ》のような日差しをなげつづけはじめていた。

（「末期の水」）

『落城・霧の中 他四篇』岩波文庫、一九五七年

作家。東京生れ。一見嗜虐的な自己抑制や庶民的ヒューマニズムを独特の抒情が貫く。自殺。『絵本』『菊坂』『霧の中』『足摺岬』ほか。

ヒューム 1711.4.26〜1776.8.25

冷淡で利害的関心から離れた理性は、行動の動機ではない。理性は、幸福を獲得し不幸を避ける手段をわたしたちに教えることによって、欲求もしくは傾向性から受けとる衝動を導くにすぎないのである。好み《テイスト》こそ、快と苦をもたらして、そこから幸福と不幸を産みだすがゆえに、行動の動機へと生成するものである。好みこそが、欲望と意志との第一のバネ、第一の衝動である。

『道徳原理の研究』編者訳出

イギリスの哲学者・歴史家。経験論の立場から、従来の形而上学に痛烈な批判を加え、実体・因果法則などの観念は習慣による主観的な確信にすぎないと主張した。『人性論』『英国史』ほか。

中谷宇吉郎 1900. 7. 4〜 1962. 4. 11

4月11日

住みついてみると、北海道の冬は、夏よりもずっと風情がある。風がなくて雪の降る夜は、深閑として、物音もない。外は、どこもみな水鳥のうぶ毛のような新雪に、おおいつくされている。比重でいえば、百分の一くらい、空気ばかりといってもいいくらいの軽い雪である。どんな物音も、こういう雪のしとねに一度ふれると、すっぽりと吸われてしまう。耳をすませば、わずかに聞こえるものは、大空にさらさらとふれ合う雪の音くらいである。

（「貝鍋の歌」）

『中谷宇吉郎随筆集』樋口敬二編、岩波文庫、一九八八年

物理学者。北大教授。雪の結晶・人工雪を研究し、氷雪学を拓いた。随筆家としても著名。『雪の研究』『冬の華』『科学と社会』など。

ヘロドトス

前484頃〜前425頃

陣立てを終り犠牲の卦《け》も吉兆を示したので、アテナイ軍は進撃の合図とともに駈け足でペルシア軍に向って突撃した。両軍の間隔は八スタディオンを下らなかった。ペルシア軍はアテナイ軍が駈け足で迫ってくるのを見て迎え撃つ態勢を整えていたが、数も少なくそれに騎兵も弓兵もなしに駈け足で攻撃してくるアテナイ兵を眺めて、狂気の沙汰じゃ、全く自殺的な狂気の沙汰じゃと罵《ののし》った。ペルシア方はアテナイ軍の行動をこのように受け取ったのであったが、一団となってペルシア陣内に突入してからのアテナイ軍は、まことに語り伝えるに足る目覚ましい戦いぶりを示したのである。

＊スタディオン　距離の単位。一スタディオンは約一八五メートル。

『歴史』㈣、松平千秋訳、岩波文庫、一九七二年

ギリシアの歴史家。小アジア生れ。諸方を遊歴。『歴史』でペルシア戦争を中心に東方諸国の歴史・伝説、アテナイやスパルタなどの歴史を叙述。「歴史の父」と呼ばれる。引用はマラトンの戦いの条。

ベケット 1906. 4. 13〜 1989. 12. 22

私はどこへ行こうか、もし行けるなら。
誰になろうか、もしなれるなら。
何を口にしようか、まだあるなら。
そう言っているのは誰だ、私だと言っているのは？

（「反古草紙」）

ジョン・バクスター『ウディ・アレン・バイオグラフィー』田栗美奈子訳、作品社、二〇〇二年より

フランスの劇作家・小説家。アイルランド生れ。ヌーヴォーロマンの先駆者。自作の演出・翻訳も手がける。長編小説『モロイ』、戯曲『ゴドーを待ちながら』ほか。ノーベル賞受賞。

4月14日　レイチェル・カーソン　1907. 5. 27～1964. 4. 14

自然は、沈黙した。うす気味悪い。鳥たちは、どこへ行ってしまったのか。みんな不思議に思い、不吉な予感におびえた。裏庭の餌箱《えさばこ》は、からっぽだった。ああ鳥がいた、と思っても、死にかけていた。ぶるぶるからだをふるわせ、飛ぶこともできなかった。春がきたが、沈黙の春だった。いつもだったら、コマドリ、スグロマネシツグミ、ハト、カケス、ミソサザイの鳴き声で春の夜は明ける。そのほかいろんな鳥の鳴き声がひびきわたる。だが、いまはもの音一つしない。野原、森、沼地――みな黙りこくっている。

『沈黙の春』青樹簗一訳、新潮文庫、一九九二年

アメリカの海洋生物学者・作家。一九六二年『沈黙の春』を著し、農薬を含む化学薬品による公害問題を最も早く指摘した。

ヘンリー・ジェームズ 1843. 4. 15〜 1916. 2. 28 4月15日

あまり善良すぎることをするのはおやめなさいよ。少し気楽に、自然に、そして意地悪になさいな。一生に一度くらい、少し悪者になってみるのも、案外いいものよ。

『ある婦人の肖像』(下)、行方昭夫訳、岩波文庫、一九九六年

イギリスの小説家。アメリカ生れ。哲学者・心理学者ウィリアム・ジェームズの弟。心理主義文学の先駆。『ある婦人の肖像』『ねじの回転』など。

4月16日

パウル・クレー 1879. 12. 18〜1940. 6. 29

色は、私を捉えた。自分のほうから色を探し求めるまでもない。私には、よくわかる。色は、私を永遠に捉えたのだ。私と色とは一体だ——これこそ幸福なひとときでなくて何であろうか。私は、絵描きなのだ。

（一九一四年四月一六日）

『クレーの日記』南原実訳、新潮社、一九六一年

スイス生れのドイツ人画家。初め線描中心で諷刺的人間像を描いたが、のち、自然・都市・人間をすべて記号化して詩的幻想とユーモアにみちた抽象画を描く。

小林一茶　1763. 5. 5〜1827. 11. 19　　4月17日

「親のない子はどこでも知れる、爪《つめ》を咥《くわ》へて門《かど》に立《たつ》。」と子どもらに唄《うた》はるゝも心細く、大かたの人交《ひとまじわ》りもせずして、うらの畠に木・萱《かや》など積たる片陰《かたかげ》に跼《かがま》りて、長の日をくらしぬ。我身《わがみ》ながらも哀《あわれ》也けり。

我と来て遊べや親のない雀　弥太郎　六才

（『おらが春』）

『父の終焉日記・おらが春 他一篇』矢羽勝幸校注、岩波文庫、一九九二年

江戸後期の俳人。信濃柏原の人。俗語・方言を使いこなし、不幸な経歴からにじみ出た主観的・個性的な句で知られる。『おらが春』『父の終焉日記』『我春集(がしゅんしゅう)』ほか。

4月18日　ベルクソン　1859. 10. 18〜1941. 1. 4

不意に眼の前に差し迫った死の威嚇《いかく》が現われてきた人びとには、崖から下へ滑る登山家や水に溺れる人や首を吊った人には、注意の急激な転換が生ずることがあるようです。――それまで未来に向けられて行動の必要に奪われていた意識の方向が変わったために、突然それらに対し関心を失うようなことが起こるようです。それだけでも十分に「忘れていた」何千という細かい事が記憶によみがえり、その人の歴史全体が眼の前に動くパノラマとなって展開するのです。

（「変化の知覚」）

『思想と動くもの』河野与一訳、岩波文庫、一九九八年

フランスの哲学者。自然科学的世界観に反対し、物理的時間概念に体験的時間を対立させ、精神的なものの独自性と本源性を明らかにした。具体的生は概念によっては把握しえない不断の創造的活動であると説いた。『物質と記憶』『創造的進化』ほか。

ダーウィン 1809. 2. 12〜 1882. 4. 19　　4月19日

いろいろな種類の多数の植物によっておおわれ、茂みに鳥は歌い、さまざまな昆虫がひらひら舞い、湿った土中を蠕虫《ぜんちゅう》ははいまわる、そのような雑踏した堤《つつみ》を熟視し、相互にかくも異なり、相互にかくも複雑にもたれあった、これらの精妙につくられた生物たちが、すべて、われわれの周囲で作用しつつある法則によって生みだされたものであることを熟考するのは、興味ふかい。

『種の起原』(下)、八杉龍一訳、岩波文庫、一九九〇年

イギリスの生物学者。進化論を首唱し、生物学のみならず、社会科学および一般思想界にも画期的な影響を与えた。『種の起原』『ビーグル号航海記』ほか。

4月20日

親《しん》鸞《らん》 1173. 4. 1〜1262. 11. 28

煩悩具《ぼんのうぐ》足《そく》の身《み》なればとて、こゝろにまかせて、身にも、すまじきことをもゆるし、くちにも、いふまじきことをもゆるし、こゝろにも、おもふまじきことをもゆるして、いかにも、こゝろのまゝにてあるべしとまふしあふてさふらふらんこそ、かへすぐ〵不便《ふびん》におぼえさふらへ。ゑひもさめぬさきに、なをさけをすゝめ、毒《どく》もきえやらぬにいよ〳〵毒をすゝめんがごとし。くすりあり、毒をこのめとさふらふらんことは、あるべくもさふらはずとぞおぼえ候。

（『末燈鈔』）

＊くすりあり… 薬があるから毒を好み食えと勧めるようなことは、あるべきことではない。

『親鸞集 日蓮集』多屋頼俊校注（『日本古典文学大系』82、岩波書店、一九六四年）

鎌倉初期の僧。浄土真宗の開祖。法然の弟子。念仏弾圧により越後に流され、非僧非俗の生活に入る。赦免され、晩年に帰京するまで関東にあって伝道布教を行う。『教行信証(きょうぎょうしんしょう)』ほか。その言行は没後、弟子唯円(ゆいえん)によって『歎異抄』にまとめられた。

ケインズ 1883. 6. 5～1946. 4. 21

4月21日

経済学者や政治哲学者の思想は、それらが正しい場合も誤っている場合も、通常考えられている以上に強力である。実際、世界を支配しているのはまずこれ以外のものではない。誰の知的影響も受けていないと信じている実務家でさえ、誰かしら過去の経済学者の奴隷であるのが通例である。虚空の声を聞く権力の座の狂人も、数年前のある学者先生から〔自分に見合った〕狂気を抽き出している。

『雇用、利子および貨幣の一般理論』(下)、間宮陽介訳、岩波文庫、二〇〇八年

イギリスの経済学者。通貨金融問題の権威。有効需要理論・乗数理論・流動性選好理論を柱とする主著『雇用、利子および貨幣の一般理論』(一九三六年)などによって、ケインズ革命と呼ばれる独創的な経済理論を形成した。

4月22日　レーニン　1870. 4. 22～1924. 1. 21

わたしはこう思うのです。このような奇跡を人間はつくることができるのだと……。……罪のないばかを言って汚《きた》ならしい地獄に生きながら、このように美しいものをつくることができる人間の頭をなでてやりたくなるのです。でも、今日はだれの頭もなでてやるわけにはゆきません。手を嚙《か》み切られてしまいますからね。逆に、頭をたたいてやらねば、情け容赦なくたたいてやらねばならないのです。われわれは、理想としては人間に対するあらゆる暴圧に反対なのですけれどもね。そうです、この仕事は、おそろしくむずかしいものですよ！

（「レーニン」）

ゴーリキー『追憶』(江口朴郎「レーニンと現代の課題」、『レーニン』『世界の名著』52、中央公論社、一九六六年より)

ロシアのマルクス主義者。ボリシェヴィキ党・ソ連邦の創設者。一九一七年ロシア革命に成功、その後ソビエト政府首班として社会主義建設を指導した。『ロシアにおける資本主義の発展』『帝国主義論』『国家と革命』ほか。引用はベートーヴェンのピアノソナタ「熱情」をきっかけにしての発言。

シェークスピア 1564.4.23〜1616.4.23

4月23日

明日《あす》、また明日、また明日と、小刻みに一日一日が過ぎ去って行き、
定められた時の最後の一行にたどりつく。
きのうという日々はいつも馬鹿者どもに、
塵泥《ちりひじ》の死への道を照らして来ただけだ。
消えろ、消えろ、束の間のともし火！
人生はただ影法師の歩みだ。
哀れな役者が短い持ち時間を舞台の上で派手に動いて声張り上げて、
あとは誰ひとり知る者もない。

『マクベス』木下順二訳、岩波文庫、一九九七年

イギリスの劇作家・詩人。エリザベス朝ルネサンス文学の代表者。座付作者として約三七篇の戯曲を創作。『ハムレット』『リア王』『マクベス』『ロミオとジュリエット』『ジュリアス・シーザー』『ヴェニスの商人』など。ほかに詩集『ソネット集』がある。

4月24日　ボルヘス 1899.8.24〜1986.6.14

大乗仏教の哲人たちは、宇宙の本質は空《くう》であると説いている。同じ宇宙の一小部分であるこの本に関する限り、彼らの言うところはまったく正しい。絞首台や海賊たちがこの本をにぎわわしており、標題の「汚辱」という言葉は大仰だが、無意味な空騒ぎの背後には何もない。すべて見せかけに過ぎず、影絵に等しいのである。だが、ほかならぬその理由が、面白さを保証するだろう。

（「汚辱の世界史」一九五四年版、序）

『砂の本』篠田一士訳、集英社文庫、一九九五年

アルゼンチンの詩人・小説家。ラテンアメリカの新しい文学の先駆者。幻想世界を描いて現代文学の最先端に位置する。短編集『伝奇集』『砂の本』のほか、『不死の人』『異端審問』、共著『幻獣辞典』など。

与謝蕪村 1716〜1783.12.25　4月25日

青楼《せいろう》の御異見《ごいけん》承知いたし候。御尤《ごもっとも》の一書、御句にて小糸が情も今日限に候。よしなき風流、老の面目をうしなひ申候。禁すべし。さりながらもとめ得たる句、御《ご》披判《ひはん》可被下《くださるべく》候。

妹がかきね三線草《さみせんぐさ》の花さきぬ

これ、泥に入《いり》て玉を拾ふたる心地に候。此《この》ほどの机上のたのしびぐさに候。

（弟子道立宛書簡、天明三年四月二五日）

大谷晃一『与謝蕪村』河出書房新社、一九九六年より

江戸中期の俳人・画家。文人画で大成するかたわら、俳諧を学び、感性的・浪漫的俳風を生み出した。『新花つみ』『たまも集』ほか。引用は、晩年若い芸妓小糸に夢中になったのを、弟子にいさめられ、あきらめる手紙。

デフォー

1660頃〜
1731. 4. 26

ある日のことであった。正午ごろ、舟のほうへゆこうとしていた私は海岸に人間の裸の足跡をみつけてまったく愕然《がくぜん》とした。砂の上に紛れもない足跡が一つはっきりと残されているではないか。私は棒立ちになったまま立ちすくんだ。まさしく青天のへきれきであった。それとも私は幽霊をみたのであったろうか。耳をすまし、あたりを見まわしたが、なにも聞こえなかった。なにもみえなかった。もっと遠くをみようと、小高いところにもかけ登った。浜辺も走りまわった。しかしけっきょくは同じで、その足跡のほかはなにもみることはできなかった。

『ロビンソン・クルーソー』(上)、平井正穂訳、岩波文庫、一九六七年

イギリスのジャーナリスト・小説家。個人新聞『レビュー』を刊行して政治評論家として活躍。のち、『ロビンソン・クルーソー』など、写実的小説を開拓した。イギリス近代小説の先駆者。

ラ・ブリュイエール 1645. 8. 16〜1696. 5. 10 4月27日

幸福になる前に笑っておかなければならぬ。笑わぬうちに死んでしまうようなことにならぬとも限らないから。

（第四章 心情について）

＊

人間にとっては唯三つの事件しかない。生れること、生きること、死ぬこと。生れる時は感じない。死ぬ時は苦しい。しかも生きている時は忘れている。

（第一一章 人間について）

『カラクテール』(上)(中)、関根秀雄訳、岩波文庫、一九五二―五三年

フランスのモラリスト。著書『カラクテール』は、古代ギリシアの哲学者テオフラストスの『人さまざま』の仏訳と当代フランス社会の風俗や人物の描写と批判から成り、すぐれた人間観察を示している。

4月28日

中里介山 1885. 4. 4〜1944. 4. 28

大菩薩峠《だいぼさつとうげ》は江戸を西に距《さ》る三十里、甲州裏街道が甲斐国《かいのくに》東山梨郡萩原《はぎわら》村に入って、その最も高く最も険《けわ》しきところ、上下八里にまたがる難所がそれです。標高六千四百尺、昔、貴き聖《ひじり》が、この嶺《みね》の頂《いただき》に立って、東に落つる水も清かれ、西に落つる水も清かれと祈って、菩薩の像を埋《う》めて置いた、それから東に落つる水は多摩川となり、西に流るるは笛吹《ふえふき》川となり、いずれも流れの末永く人を湿《うる》おし田を実《みの》らすと申し伝えられてあります。

(『大菩薩峠』)

『中里介山全集』第一巻、筑摩書房、一九七〇年

小説家。仏教思想を根幹とした独自の風格をもつ大衆文学の先駆。キリスト教や社会主義運動に関心を寄せ、日露戦争初期にすぐれた反戦詩を発表するが、のち運動から離れ、執筆活動に入る。代表作『大菩薩峠』は未完の一大長編。

ウィトゲンシュタイン 1889.4.26〜1951.4.29　4月29日

本書は哲学の諸問題を扱っており、そして――私の信ずるところでは――それらの問題がわれわれの言語の論理に対する誤解から生じていることを示している。本書が全体としてもつ意義は、おおむね次のように要約されよう。およそ語られうることは明晰に語られうる。そして、論じえないことについては、ひとは沈黙せねばならない。

『論理哲学論考』野矢茂樹訳、岩波文庫、二〇〇三年

オーストリア生れの哲学者。ケンブリッジ大学教授。その思想は論理実証主義や言語分析の哲学だけではなく、二〇世紀後半の哲学全般に大きな影響を与えた。『論理哲学論考』『哲学探究』など。

4月30日

鏑木清方《かぶらききよかた》 1878. 8. 31〜1972. 3. 2

鶸《ひわ》色に萌《も》えた楓《かえで》の若葉に、ゆく春をおくる雨が注ぐ。あげ潮どきの川水に、その水滴は数かぎりない渦《うず》を描いて、消えては結び、結んでは消ゆるうたかたの、久しい昔の思い出が、色の褪《あ》せた版画のように、築地川の流れをめぐってあれこれと偲《しの》ばれる。

（「築地川」）

『随筆集 明治の東京』山田肇編、岩波文庫、一九八九年

日本画家。名は健一。東京神田生れ。美人画や庶民生活に取材した作品には古き佳き江戸・明治の情緒が漂う。代表作「築地明石町」。また、折にふれての随筆もよくした。

5 月

メルロ=ポンティ　1908. 3. 14〜1961. 5. 3　5月1日

現象学はバルザックの作品、プルーストの作品、ヴァレリーの作品、あるいはセザンヌの作品とおなじように、不断の辛苦である——おなじ種類の注意と驚異とをもって、おなじような意識の厳密さをもって、世界や歴史の意味をその生れ出づる状態において捉えようとするおなじ意志によって。

『知覚の現象学』1、竹内芳郎・小木貞孝訳、みすず書房、一九六七年

フランスの哲学者。フッサールの現象学を基礎に、全体論的神経生理学やゲシュタルト心理学のもつ哲学的意味を究明し、人間存在の研究に新たな方向を切りひらいた。『知覚の現象学』『意味と無意味』『行動の構造』など。

丘浅次郎 1868. 11. 18〜1944. 5. 2

初等教育においては、宜《よろ》しく、信ずる働きと疑う働きとを何《いず》れも適当に養うことが必要である。疑うべき理由の有ることは何所《どこ》までも疑い、信ずべき理由を見出したことは確《たし》かにこれを信じ、決して疑うべきことを疑わずに平気で居たり、また信ずべき理由の無いことを軽々しく信じたりすることの無い様に、脳力の発達を導くのが、真の教育であろう。

（「疑いの教育」）

『近代日本思想大系 9 丘浅次郎集』筑摩書房、一九七四年

動物学者。ヒル・ホヤ・コケムシの研究で知られ、また、日本における進化論の普及に貢献した。『進化論講話』『雌雄の起源及び進化』など。

柳《やなぎ》宗《むね》悦《よし》 1889.3.21〜1961.5.3

5月3日

偉大な古作品は一つとして鑑賞品ではなく、実用品であったということを胸に明記する必要がある。いたずらに器を美のために作るなら、用にも堪えず、美にも堪えぬ。用に即さずば工藝の美はあり得ない。これが工藝に潜《ひそ》む不動の法則である。

『民芸四十年』岩波文庫、一九八四年

民芸研究家・宗教哲学者。雑誌『白樺』の創刊に加わる。のち、庶民の生活の中から生まれた郷土的な工芸の、実用性と素朴な美とを尊重する民芸運動を提唱。日本民芸館を設立した。『民芸四十年』『手仕事の日本』『工芸文化』ほか。

5月4日

北原白秋 1885. 1. 25〜1942. 11. 2

銀笛のごとも哀《かな》しく単調《ひとふし》に過ぎもゆきにし夢なりしかな
いやはてに鬱《う》金《こん》ざくらのかなしみのちりそめぬれば五月《さつき》はきたる
かくまでも黒くかなしき色やあるわが思ふひとの春のまなざし　（「銀笛哀慕調」）

『桐の花』（『北原白秋歌集』高野公彦編、岩波文庫、一九九九年）

詩人・歌人。福岡県柳川生れ。雑誌『明星』『スバル』に作品を発表、詩集『邪宗門』や『思ひ出』で名声を確立。のち短歌雑誌『多磨』を主宰、象徴的手法で、新鮮な感覚情緒を述べ、また多くの童謡を作った。歌集に『桐の花』、童謡集『トンボの眼玉』など。

屈　原　前343頃〜前277頃

5月5日

滄浪《そうろう》の水《みず》　清《す》まば
以《もっ》て我《わ》が纓《えい》を濯《あら》う可《べ》し
滄浪《そうろう》の水《みず》　濁《にご》らば
以《もっ》て我《わ》が足《あし》を濯《あら》う可《べ》し

青々とした水が清んだら、
それで自分の冠のひもを洗えばよい。
青々とした水が濁ったら、
それで自分の足を洗えばよい。

（『楚辞』「漁父《ぎょほ》」）

＊滄浪　漢水の下流。　纓　冠のひも。君主に仕えることの象徴。

『新編 中国名詩選』(上)、川合康三編訳、岩波文庫、二〇一五年

中国、戦国時代の楚の人。王族に生まれ、王の側近として活躍したが妬まれて失脚、湘江のほとりをさまよい、ついに汨羅(べきら)に投身した。憂国の情をもって歌う自伝的叙事詩「離騒」をはじめ、楚の歌謡を本とした『楚辞』を集大成した。

5月6日　ホメロス　生没年未詳

さて駿足のアキレウスが、ヘクトルを休みなく激しく追い立てるさまは、山の中で犬が仔鹿を追うよう、その巣から狩り出し山間《やまあい》の低地を追ってゆく、灌木の茂みにかがんで身を潜《ひそ》めても、嗅ぎ出してはどこまでも追い、遂には捕える——そのようにヘクトルも駿足のペレウスの子から身を隠すことができぬ。

『ホメロス　イリアス』(下)、松平千秋訳、岩波文庫、一九九二年

古代ギリシアの詩人。前八世紀頃、小アジアに生まれ、吟遊詩人としてギリシア諸国を遍歴したと伝えられる。英雄叙事詩『イリアス』『オデュッセイア』の作者とされるが、この詩人の実在については諸説ある。

J.S. ミル 1806.5.20〜1873.5.7

5月7日

自分は今幸福かと自分の胸に問うて見れば、とたんに幸福ではなくなってしまう。幸福になる唯一の道は、幸福をでなく何かそれ以外のものを人生の目的にえらぶことである。自意識も細かな穿鑿心《せんさくしん》も自己究明も、すべてをその人生目的の上にそそぎこむがよい。そうすれば他の点で幸運な環境を与えられてさえいるなら、幸福などということをクヨクヨと考えなくとも、想像の中で幸福の先物買いをしたりむやみに問いつめて幸福をとり逃がしたりせずに、空気を吸いこむごとくいとも自然に幸福を満喫することになるのである。

『ミル自伝』朱牟田夏雄訳、岩波文庫、一九六〇年

イギリスの哲学者・経済学者。イギリス経験論を継承して帰納法を完成、実証的社会科学の理論を基礎づけ、功利主義の社会倫理説を説いた、古典学派の最後の代表者。『経済学原理』『自由論』などのほか『自伝』がある。

5月8日　ヴァイツゼッカー　1920. 4. 15〜2015. 1. 31

罪の有無、老幼いずれを問わず、われわれ全員が過去を引き受けねばなりません。だれもが過去からの帰結に関わり合っており、過去に対する責任を負わされております。

心に刻みつづけることがなぜかくも重要なのかを理解するため、老幼たがいに助け合わねばなりません。また助け合えるのであります。

問題は過去を克服することではありません。さようなことができるわけはありません。後になって過去を変えたり、起こらなかったことにするわけにはまいりません。しかし過去に目を閉ざす者は結局のところ現在にも盲目となります。非人間的な行為を心に刻もうとしない者は、またそうした危険に陥りやすいのです。

『新版　荒れ野の40年——ヴァイツゼッカー大統領ドイツ終戦40周年記念演説』永井清彦訳・解説、岩波ブックレット、二〇〇九年

ドイツの政治家。西ベルリン市長を経て、一九八四年以降、西ドイツ大統領、九〇—九四年、統一ドイツ大統領。一九八五年ドイツ敗戦四〇周年の演説「荒れ野の40年」は、ドイツが過去についてどのような責任を負い、それにどう立ち向かうかを説く。

オルテガ・イ・ガセット　1883. 5. 9〜1955. 10. 18　5月9日

群衆はとつじょとして姿を現わし、社会における最良の場所を占めたのである。以前には、群衆は存在していたとしても、人目にはふれなかった。群衆は社会という舞台の背景にいたのである。ところが今や舞台の前面に進み出て、主要人物となった。もはや主役はいない。いるのは合唱隊《コーロ》のみである。

『大衆の反逆』神吉敬三訳、角川文庫、一九八九年

スペインの哲学者。ジャーナリストの家に生まれ、「輪転機の上に生まれ落ちた」といわれる。社会に能動的にかかわろうとしない大衆を強く批判した。『ドン・キホーテについての思索』『現代の課題』『大衆の反逆』など。

5月10日　リースマン　1909. 9. 22〜2002. 5. 10

私は常に物ごとをふたつのレベルで、同時に考えることが大事だと思っている。すなわち、一方では与えられたシステムの中での可能性を探求する改革者的な関心の持ち方、そして他方では基本的な変化についての長い時間幅のユートピア的な関心というふたつがそれである。これらふたつのレベルをごちゃまぜにして、現状維持に対する妥協なき攻撃を加える方が、はるかにやさしいことだ。

(序文)

『孤独な群衆　一九六一年新版』加藤秀俊訳、みすず書房、一九六四年

アメリカの社会学者。『孤独な群衆』で現代アメリカの社会的性格を伝統指向型・内面指向型・他人指向型に三分類し、その批判的分析から自律指向型への推移を提唱した。ほかに『個人主義の再検討』『何のための豊かさ』など。

萩原朔太郎 1886. 11. 1〜1942. 5. 11

5月11日

金魚のうろこは赤けれども
その目のいろのさびしさ。
さくらの花はさきてほころべども
かくばかり
なげきの淵《ふち》に身をなげすてたる我の悲しさ。

（「金魚」）

『萩原朔太郎詩集』三好達治選、岩波文庫、一九八一年

詩人。感情詩社を起こし、口語自由詩を芸術的に完成して新風を樹立した。詩集『月に吠える』『青猫』『氷島』、詩論集『新しき欲情』『虚妄の正義』など。

5月12日　ナイチンゲール　1820. 5. 12〜1910. 8. 13

子供たちに、新鮮な空気が入り、明るく、陽《ひ》当《あた》りよく、広々とした教室と、涼しい寝室とを与え、また戸外でたっぷりと運動をさせよう。たとえ寒くて風の強い日でも、暖かく着込ませて充分に運動させ、あくまで自由に、子供自身の考えに任せて、指図《さしず》はせずに、たっぷりと楽しませ遊ばせよう。もっと子供に解放と自然を与え、授業や詰《つ》めこみ勉強や、強制や訓練は、もっと減《へ》らそう。もっと食べ物に気をつかい、薬に気をつかうのはほどほどにしよう。

（「ロンドンの子供たち」）

『看護覚え書』第六版、薄井坦子ほか編訳、現代社、二〇〇〇年

イギリスの看護師。フィレンツェ生れ。クリミア戦争のとき多くの看護師を率いて傷病兵の看護に当り、「クリミアの天使」と呼ばれた。

カッシーラー

1874.7.28〜
1945.5.13

言語、神話、芸術を「シンボル形式」と呼ぶとき、この表現にはある前提がふくまれているように思われる。それは、言語も神話も芸術もすべて精神の形態化の特定の様式であって、それらはすべて、遡《さかのぼ》れば現実というただ一つの究極の基層に関わっているのであり、この基層が、あたかもある異質な媒体を透して見られるかのように、それらそれぞれのうちに見てとられるにすぎない、という前提である。現実というものは、われわれにはこうした形式の特性を介してしか捉ええないように思われるのだ。

『シンボル形式の哲学』㈢、木田元・村岡晋一訳、岩波文庫、一九九四年

ドイツ新カント学派の哲学者。ユダヤ人迫害を逃れアメリカに亡命。『シンボル形式の哲学』で、言語・神話・宗教・芸術などを包括する文化哲学の体系をつくりあげた。ほかに『実体概念と関数概念』『国家の神話』『人間』など。

5月14日

斎藤茂吉 1882.5.14〜1953.2.25

あかあかと一本《いっぽん》の道《みち》とほりたりたまきはる我《わ》が命《いのち》なりけり

かがやけるひとすぢの道遥《みちはる》けくてかうかうと風《かぜ》は吹《ふ》きゆきにけり

野《の》のなかにかがやきて一本《いっぽん》の道《みち》は見《み》ゆここに命《いのち》をおとしかねつも

『斎藤茂吉選集』第一巻、柴生田稔・佐藤佐太郎編、岩波書店、一九八一年

歌人・精神科医。山形県生れ。雑誌『アララギ』を編集。長崎医専教授としてドイツなどに留学、のち青山脳病院長。作歌一万七千余、『赤光(しゃっこう)』以下『つきかげ』に至る歌集一七冊のほか、『柿本人麿』をはじめ評論・随筆も多い。引用は、第二歌集『あらたま』の「一本道」の連作。

シレジウス 1624.12.25〜1677.7.9

薔薇《ばら》はなぜという理由なしに咲いている。薔薇はただ咲くべく咲いている。薔薇は自分自身を気にしない、ひとが見ているかどうかも問題にしない。

『シレジウス瞑想詩集』(上)、植田重雄・加藤智見訳、岩波文庫、一九九二年

ドイツ・バロック時代を代表する神秘主義的宗教詩人。『瞑想詩集』はおよそ一七〇〇句からなるが、そのほとんどが二行詩で、人と神との霊的合一の可能性が歌われている。

5月16日　エックハルト 1260頃〜1327

苦しむことほど苦《にが》いものはない。しかし苦しんだことほど甘美なこともない。世間では、苦しむことほど身を醜くするものはないが、逆に神の前では、苦しんだことほど魂を飾るものはないのである。

（「離脱について」）

『エックハルト説教集』田島照久編訳、岩波文庫、一九九〇年

ドイツの神学者。ドミニコ会に属する神秘主義者。神は肯定的述語で言い表しえないとする否定神学を介して、存在を超える無と神とを同一視した。その言説は後世、『ドイツ語説教集』などとして集成されている。

ノヴァーリス 1772. 5. 2〜1801. 3. 25　5月17日

わたしたちは、宇宙を旅することを夢みている。だが宇宙は、わたしたちの内にあるのではないか。わたしたちは精神の深みを知っていない――内に向って神秘にみちた道が通じている。ほかならぬわたしたちの内にこそ、永遠とその世界――過去と未来があるのだ。

（「断想」）

『青い花』青山隆夫訳、岩波文庫、一九八九年、解説より

ドイツ・ロマン派の詩人。自然および歴史の一切をポエジーにおいて把握しようとした。未完の小説『ハインリヒ・フォン・オフターディンゲン(青い花)』のほか、抒情詩文集『夜の讃歌』など。

ヘラクレイトス 前535頃〜前475頃

魂の際限は、どの途をたどって行っても、君は見つけ出すことはできないだろう。それほどにも深いロゴス(理)を魂はそなえているのだ。

(「ヘラクレイトス」)

ディオゲネス・ラエルティオス『ギリシア哲学者列伝』(下)、加来彰俊訳、岩波文庫、一九九四年

古代ギリシアの哲学者。王族の家系に生まれたが、隠棲して孤高の生涯を送り、一般の理解を拒む晦渋なスタイルで著作した。万物は永遠の生成消滅のうちにある(万物流転)と説く。

西田幾多郎 1870.5.19〜1945.6.7　5月19日

回顧すれば、私の生涯は極めて簡単なものであった。その前半は黒板を前にして坐した、その後半は黒板を後にして立った。黒板に向って一回転をなしたといえば、それで私の伝記は尽きるのである。しかし明日ストーヴに焼《く》べられる一本の草にも、それ相応の来歴があり、思出がなければならない。平凡なる私の如きものも六十年の生涯を回顧して、転《うた》た水の流と人の行末という如き感慨に堪《た》えない。

（「或教授の退職の辞」）

『西田幾多郎随筆集』上田閑照編、岩波文庫、一九九六年

哲学者。京大教授。禅の宗教性と生の哲学やドイツ観念論の論理を思弁的に統合し、「無」の哲学と場所的論理を開拓した。『善の研究』『思索と体験』ほか。

バルザック 1799. 5. 20〜1850. 8. 18

パリはまことに大海原《おおうなばら》のようなものだ。そこに測鉛《そくえん》を投じたとて、その深さを測ることはできまい。諸君はこの海洋をへめぐり、それを描きだそうと望まれるだろうか。それをへめぐり、かつ描くことに諸君がいかに精魂をこめようと、またこの大海の探検家たちがいかに大勢で、いかに熱心であろうと、そこにはかならず未踏の地が残り、見知らぬ洞穴《ほらあな》や、花や、真珠や、怪物や、文学の潜水夫からは忘れられた前代未聞のなにかが残ることだろう。

『ゴリオ爺さん』(上)、高山鉄男訳、岩波文庫、一九九七年

フランスの小説家。近代リアリズム文学最大の作家。一九世紀前半のフランス社会を形作る多種多様な人間の気質を描出した。『ゴリオ爺さん』『谷間の百合』『従兄ポンス』『「絶対」の探求』ほか。

ドビュッシー 1862. 8. 22〜1918. 3. 25　5月21日

美の真実な感銘が沈黙以外の結果を生むはずがないのは、よく御存知でしょうに……？　やれやれ、なんてこった！　たとえばです、日没という、あのうっとりするような日々の魔法を前にして、喝采《かっさい》しようという気をおこされたことが、あなたには一度だってありますか？

（「クロッシュ氏・アンティディレッタント」）

『ドビュッシー音楽論集』平島正郎訳、岩波文庫、一九九六年

フランスの作曲家。マラルメら象徴派の芸術運動の影響を受け、印象主義に向かい、新しい和声法・音色法に基づいて、感覚的印象・夢幻的気分を表出した。「牧神の午後への前奏曲」ほか。

5月22日　コナン・ドイル

1859.5.22〜
1930.7.7

ここに医者らしいタイプの紳士《しんし》がいる。だが、どことなく軍人ふうのところもある。だから軍医にちがいない。顔はまっくろだが、手首が白いところを見ると生まれつき黒いわけじゃない。とすれば、熱帯地方から帰ったばかりだということになる。顔のやつれているのを見れば、だいぶ苦労した上に病気までしたことがわかる。左手にけがもしている。動きがこわばってぎごちないからだ。イギリスの軍医がこんな苦労をした上に、けがまでした熱帯地方というのはどこだろう。言うまでもなくアフガニスタンだ。これだけつづけて考えるのに、一秒もかからなかった。

（『深紅《しんく》の糸の研究』）

『シャーロック・ホウムズの冒険』林克己訳、岩波少年文庫、一九八五年、解説より

イギリスの小説家。エディンバラ生れ。開業医をしていたが、私立探偵シャーロック・ホームズの活躍する一連の推理小説で著名となる。のち、心霊術に染まる。

イプセン 1828. 3. 20〜 1906. 5. 23 5月23日

物を書くとは、いったい、どういうことを言うのでしょうか？　近ごろになってやっとわかったのは、書くというのは、もともと見るということだ、ということです。ただし、——いいですか——見られたものが、作者がそれを見たのときっちり同じ形で、読者のものとなるように見ることとです。しかし、本当にそれを生き抜いたことだけがそう見え、そうなってくるのです。しかも、それについて書くことを生き抜くということこそが、近代文学の秘密なのです。

原千代海『イプセンの読み方』岩波書店、二〇〇一年より

ノルウェーの劇作家。市民社会を批判する問題劇や新しい作劇法で近代劇の祖と称される。『人形の家』『幽霊』『民衆の敵』『野鴨』ほか。引用は、生誕七〇年のパーティーでのスピーチ。

朱《しゅ》　子《し》 1130～1200

文字は汲汲として看《み》るべし。悠悠たるは得《よ》からず。急ぎ看て、方《はじ》めて前面に看し底《もの》に接し得《う》。若《も》し放慢なれば、則ち前面の意思《いみ》と相い接せず。某《それがし》の文字を看るや、看て六十一歳に到り、方《はじ》めて略《ほ》ぼ道理を見得ること恁地《かくのごと》きを学ぶ莫《なか》れ。

本は倦まずたゆまず読むべきで、のんびりやっていたんでは駄目だ。急ぎ読んでこそ、さきに読んだものとつながってくる。もしのんべんだらりにやっておれば、さきの意味とつながらなくなる。私など本を読むのに、六一歳まで読んできて、やっとあらまし道理がこのように見えてきたが、こういう様を真似てくれるな。

吉川幸次郎・三浦國雄『朱子集』(『中国文明選』3、朝日新聞社、一九七六年)

中国、南宋の儒者・朱熹（しゅき）。宋学の大成者。官途のかたわら学に励み、程子らの学説を総合、いわゆる性理学を集大成した。後世、朱子と敬称、その学を朱子学という。『朱子文集』『朱子語類』『四書集注（しっちゅう）』『近思録』ほか。

ロバート・キャパ 1913.10.22〜1954.5.25

暁闇《ぎょうあん》の中、爆弾で噴火口のようにあけられた穴だらけの道にクリスが目をこらしているあいだに、私はふと先刻の写真をとりだしてみた。それらは、ちょっとピンぼけで、ちょっと露出不足で、構図は何といっても芸術作品とはいえない代物であった。けれどもそれらは、シシリヤ攻略を扱った限り、唯一の写真であり、海上部隊の写真班が、海岸からなんとか、発送の手配をつけたものよりも幾日か早いにちがいないのである。

（「シシリヤの空中に浮かぶ」）

『ちょっとピンぼけ』川添浩史・井上清一訳、文春文庫、一九七九年

ハンガリー生れの写真家。本名、アンドレイ・フリードマン。第二次世界大戦やインドシナ戦争などで活躍した戦争報道写真の第一人者。インドシナ戦争中のベトナムで地雷を踏み死亡。代表作「人民戦線兵士の死」「インドシナ戦争」。『ちょっとピンぼけ』は自伝。

5月26日　ハイデガー　1889. 9. 26〜1976. 5. 26

思索は言葉をとり集めて単純な語りにする。言葉は存在の言葉である、雲が空の雲であるように。思索はその語りでもって、言葉のうちに目立たぬ畝《うね》を切る。その畝間は、農夫がゆったりとした足どりで畑に切っていく畝間よりももっと目立たないものなのだが。

『ヒューマニズム書簡』編者訳出

ドイツの哲学者。ニーチェの影響下に、プラトン以来の西洋哲学の根底にひそむ存在概念を露呈し、その克服をはかった。『存在と時間』『形而上学とは何か』『道標』ほか。

大衆を飢餓と不潔と無知に安住させておくことにかまけているような宗教に私は関わりをもちたくない。人びとはこの世でもっと幸福になりもっと文明に浴することができるし、真の人間、わが運命の主、わが心の長《おさ》になることができるのだ。宗教的であれ何であれ、そう人びとに説かぬようなどんな集団とも私は関わりをもちたくない。

エドガー・スノウ『始まりへの旅』一九五八年(『バートレット引用句辞典』所収、編者訳出)

インドの政治家。国民会議派の指導者としてM・K・ガンディーらと民族運動を指導。一九四七年インド独立後は初代首相。非同盟諸国の中心的指導者として世界平和の確立、アジアの解放に尽力した。

5月28日　コンラート・ローレンツ

1903. 11. 7〜
1989. 2. 27

攻撃は元来健全なもの、どうかそうあってほしいと思う。だがまさに攻撃衝動は、本来は種を保つれっきとした本能であるからこそ危険きわまりないのである。つまり本能というものは自発的なものだからだ。もし攻撃本能が、多くの社会学者や心理学者たちが考えたように、一定の外的条件に対する反応に過ぎないのであれば、人類の現状はこれほど危うくなりはしなかったろう。もしそうなら、反応を引き起こす諸原因をつきとめて、取り除くこともできよう。

『攻撃　悪の自然誌』日高敏隆・久保和彦訳、みすず書房、一九八五年

オーストリアの動物学者。鳥類や魚類の観察からリリーサー（解発因）の概念や行動の生得的解発機構の仮説を提示し、動物行動学を確立。『ソロモンの指環』『攻撃』『動物行動学』など。ノーベル賞受賞。

生きてゐるのは退儀である。しかし死ぬのは少少怖い。死んだ後の事はかまはないけれど、死ぬ時の様子が、どうも面白くない。妙な顔をしたり、變な聲を出したりするのは感心しない。ただ、そこの所だけ通り越してしまへば、その後は、矢つ張り死んだ方がとくだと思ふ。とに角、小生はもういやになつたのである。

（「無恒債者無恒心」）

『新輯 内田百閒全集』第二巻、福武書店、一九八六年

小説家・随筆家。百鬼園と号した。岡山県生れ。夏目漱石の門下。夢幻的な心象を描き、また人生の諧謔と悲愁を綴る。『冥途』『百鬼園随筆』『阿房（あほう）列車』ほか。

5月30日

ヴォルテール 1694. 11. 21～1778. 5. 30

自尊心はわれわれの生存の道具である。それは種の永続の道具に似ている。それは必要であり、われわれにとって貴重であり、われわれに楽しみを与えてくれる、しかしそれは秘めておかねばならないものである。

（「自尊心」）

『哲学辞典』高橋安光訳、法政大学出版局、一九八八年

フランスの作家・思想家。啓蒙主義の代表者。理性と自由を掲げて封建制と専制政治および信教に対する不寛容と闘った。『哲学書簡』『哲学辞典』『ルイ十四世の世紀』『カンディード』ほか。

ホイットマン 1819. 5. 31〜1892. 3. 26　5月31日

見知らぬひとよ、もし通りすがりにきみがわたしに会って、
わたしに話しかけたいのなら、どうしてきみがわたしに話しかけてはいけないのだ?
そして、どうしてわたしがきみに話しかけてはいけないのだ?
(「きみに」)

『対訳 ホイットマン詩集』木島始編、岩波文庫、一九九七年

アメリカの詩人。自由な形式で、自然や民衆の生活、また民主主義・平和・進歩を歌い、アメリカ民主主義の代表的詩人とされる。詩集『草の葉』ほか。

6　月

ヘレン・ケラー 1880. 6. 27〜 1968. 6. 1　6月1日

先生は私の手を井戸の口にもっていきました。冷たい水の流れが手にかかると、先生はもう一方の手に、はじめはゆっくり次に速く「水」という字を書かれます。私はじっと立ったまま、先生の指の動きに全神経を集中します。突然私は、なにか忘れていたことをぼんやり意識したような、思考が戻ってきたような、戦慄《せんりつ》を感じました。言語の神秘が啓示されたのです。そのとき、「W―A―T―E―R」というのは私の手に流れてくる、すばらしい冷たいなにかであることを知ったのです。その生きた言葉が魂を目覚めさせ、光と望みと喜びを与え、自由にしてくれました。

『ヘレン・ケラー自伝』川西進訳、ぶどう社、一九八二年

アメリカの教育家・社会福祉事業家。二歳のとき盲聾唖《もうろうあ》となったが努力して大学を卒業。身体障害者の援助に尽力する。三度来日した。『私の生涯』など。引用文中の「先生」とは、ヘレンの家庭教師であり、五〇年にわたって伴侶であり続けた、アンニー・サリヴァン。

6月2日

旧約聖書

いっさいの事柄は物憂《ものう》く、
誰も語り尽《つ》くせはしない。
目は見て、飽《あ》きたりることなく、
耳は聞いて、満たされることはない。
かつて起こったことは、いずれまた起こり、
かつてなされたことは、いずれまたなされる。
日《ひ》の下《もと》に、新しいことは何一つ存在しない。

（『コーヘレト書』）

『旧約聖書』XIII、月本昭男訳、岩波書店、一九九八年

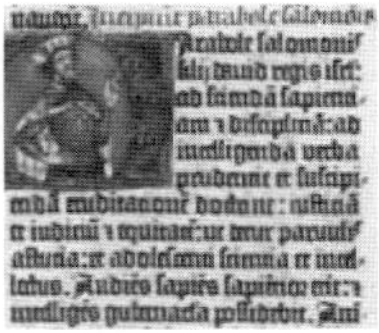
uauote. Incipit parabole salomonis
Arabole salomonis
filij david regis isrl:
ad sciendā sapientia
am & disciplinā: ad
intelligenda verba
prudentie et suscipi-
endā eruditionem doctrine: iusticiā
& iudiciū & equitatē: ut detur parvulis
astucia: & adolescēti sciencia & intel-
lectus. Audiēs sapiēs sapientior erit: &
intelligēs gubernacula possidebit. Ani

元来はヘブライ語で書かれたユダヤ教の聖典。キリスト教徒によっても受け継がれ、『新約聖書』と区別してこう呼ばれた。古代イスラエル史、モーセの律法、詩篇、預言者の書などを含む。

老　子　生没年未詳　　6月3日

大道《たいどう》廃《すた》れて、安《ここ》に仁義《じんぎ》あり。智慧《ちえ》出《い》でて、安《ここ》に大偽《たいぎ》あり。六親《りくしん》和せずして、安《ここ》に孝慈《こうじ》あり。国家昏乱《こんらん》して、安《ここ》に忠臣《ちゅうしん》あり。

大いなる道が廃《すた》れだしてから、それから仁義が説かれるようになった。知恵が働きだしてから、それから大きな虚偽が行なわれるようになった。家族が不和になりだしてから、それから孝子や慈父が出てくるようになった。国家が混乱しだしてから、それから忠臣が現われるようになった。

『老子』蜂屋邦夫訳注、岩波文庫、二〇〇八年

中国、春秋戦国時代(前七七〇―前二二一)の思想家。道家(どうか)の祖。楚(河南省)の人。周の守蔵室(図書室)の書記官。乱世を逃れて函谷関に至ったとき関守の尹喜(いんき)が道を求めたので、無為自然の道を説いたのが『老子』であるとされる。

6月4日　ルクレティウス　前97頃〜前55頃

おお　憐む可き人の心よ、おお　盲目なる精神よ！　此《こ》の如何《いか》にも短い一生が、なんたる人生の暗黒の中に、何と大きな危険の中に、過ごされて行くことだろう！　自然が自分に向って怒鳴《どな》っているのが判らないのか、外でもない、肉体から苦痛を取り去れ、精神をして悩みや恐怖を脱して、歓喜の情にひたらしめよ、と？

『物の本質について』樋口勝彦訳、岩波文庫、一九六一年

ローマの詩人・唯物論哲学者。デモクリトス、エピクロスの原子論的自然観に依拠する壮大な哲学詩『物の本質について』は唯一残存する著作。生涯は不明だが、狂気を発して自殺したと伝えられる。

アダム・スミス 1723. 6. 5〜1790. 7. 17　6月5日

たしかに彼は、一般に公共の利益を推進しようと意図してもいないし、どれほど推進しているかを知っているわけでもない。……ただ彼自身の儲《もう》けだけを意図しているのである。そして彼はこのばあいにも、他の多くのばあいと同様に、見えない手に導かれて、彼の意図のなかにまったくなかった目的を推進するようになるのである。またそれが彼の意図のなかにまったくなかったということは、かならずしもつねに社会にとってそれだけ悪いわけではない。自分自身の利益を追求することによって、彼はしばしば、実際に社会の利益を推進しようとするばあいよりも効果的に、それを推進する。

『国富論』㈡、水田洋監訳、杉山忠平訳、岩波文庫、二〇〇〇年

イギリスの経済学者。古典派経済学の始祖。主著『国富論』は、一九世紀の自由主義時代に、世界各国の経済政策の基調となった。

バーリン 1909. 6. 6〜1997. 11. 5

自由は自由であって平等ではなく、公正ではなく、正義ではなく、人類の幸福ではなく、また良心の平静ではない。もしもわたくし自身の自由、あるいは自分の階級、自分の国民の自由が、他の多数の人間の悲惨な状態にもとづくものであるとするならば、この自由を増進する組織は不正であり、不道徳である。

（「二つの自由概念」）

『自由論』生松敬三訳、みすず書房、一九七一年

ラトヴィア出身のイギリスの政治哲学者・歴史家。強制のない状態としての消極的自由に対し、理性的自我を実現することを真の自由であるとした。自由主義の立場から歴史的決定論を批判。『自由論』ほか。

E. M. フォースター 1879. 1. 1〜 1970. **6. 7**　6月7日

個人的人間関係は、今日では軽蔑《けいべつ》されている。ブルジョワ的な贅沢《ぜいたく》であり、すでに過去になった幸福な時代の遺物だと見られて、そんなものは捨ててしまえ、それよりも何か政治的な運動とか主義に身を捧げろとせっつかれる。私は、この主義というのが嫌いで、国家を裏切るか友を裏切るかと迫られたときには、国家を裏切る勇気をもちたいと思う。

（「私の信条」）

『フォースター評論集』小野寺健編訳、岩波文庫、一九九六年

イギリスの作家・評論家。ブルームズベリー・グループの一人。『インドへの道』『眺めのいい部屋』『ハワーズ・エンド』ほか。同性愛をあつかった『モーリス』は死後刊行された。

6月8日

知里幸恵《ちりゆきえ》 1903.6.8～1922.9.18

その昔この広い北海道は、私たちの先祖の自由の天地でありました。天真爛漫《らんまん》な稚児の様《よう》に、美しい大自然に抱擁されてのんびりと楽しく生活していた彼等は、真に自然の寵児、なんという幸福な人だちであったでしょう。
冬の陸には林野をおおう深雪を蹴って、天地を凍らす寒気を物ともせず山又《また》山をふみ越えて熊を狩り、夏の海には涼風泳ぐみどりの波、白い鷗の歌を友に木の葉の様な小舟を浮べてひねもす魚を漁《すなど》り、花咲く春は軟らかな陽《ひ》の光を浴びて、永久に囀《さえ》ずる小鳥と共に歌い暮して蕗《ふき》とり蓬摘《よもぎつ》み、紅葉の秋は野分《のわき》に穂揃うすすきをわけて、宵《よい》まで鮭とる篝《かがり》も消え、谷間に友呼ぶ鹿の音を外に、円《まど》かな月に夢を結ぶ。嗚呼《ああ》なんという楽しい生活でしょう。

『アイヌ神謡集』序、岩波文庫、一九七八年

北海道登別生れ。アイヌ語研究で知られる金田一京助の下で、民族叙事詩ユーカラの翻訳を進めるが、持病の心臓病により短い生涯を終えた。死の翌年、一三編が『アイヌ神謡集』として出版された。アイヌ語研究者、知里真志保（ましほ）の姉。

滝沢馬琴 1767. 6. 9〜 1848. 11. 6

居宅器財の如きは、よしや一朝に皆失ふも惜《おし》むに足らず、只惜むべきは興継《おきつぐ》の死のみ、然るに不幸短命にて、父に先だちて没《ぼっ》したり、幸いに嫡孫《ちゃくそん》あれども、いまだ十歳にだも至らず、日は暮れんとして道遠かり、吾それ是《これ》を如何かすべき。

（『後の為の記』）

麻生磯次『滝沢馬琴』人物叢書、吉川弘文館、一九五九年より

江戸後期の戯作者。号、曲亭馬琴。江戸深川の生れ。勧善懲悪を標榜し、雅俗折衷の文をもって合巻（ごうかん）・読本（よみほん）を発表。『椿説弓張月（ちんせつゆみはりづき）』『南総里見八犬伝』『近世説（きんせせつ）美少年録』ほか。引用文中の興継は三八歳で病死した長男、宗伯（そうはく）。

源信 942〜1017.6.10

獄卒《ごくそつ》、罪人を執《とら》へて熱鉄の地に臥《ふ》せ、熱鉄の縄を以て縦横に身に絣《すみなわをひ》き、熱鉄の斧を以て縄に随ひて切り割《さ》く。或は鋸《のこぎり》を以て解《さきわ》け、或は刀を以て屠《ほふ》り、百千段と作《な》して処々に散らし在《お》く。また、熱鉄の縄を懸けて、交へ横たへること無数、罪人を駈りてその中に入らしむるに、悪風暴《にわか》に吹いて、その身に交へ絡《から》まり、肉を焼き、骨を焦《こが》して、楚毒極《きわま》りなし。

（「黒縄地獄」）

*百千段　無数の断片。

『往生要集』(上)、石田瑞麿訳注、岩波文庫、一九九二年

平安中期の天台宗の学僧。通称、恵心（えしん）僧都。良源に師事し、論義・因明（いんみょう）学を以て知られたが、横川（よかわ）に隠棲。『往生要集』を著して浄土教の理論的基礎を築いた。

ミシュレ 1798. 8. 21～ 1874. 2. 9　6月11日

特定の時代には、あれは魔女だというこの言葉が発せられただけで、憎悪のため、その憎悪の対象になった者は誰彼なしに殺されてしまったことに注意していただきたい。女たちの嫉妬、男たちの貪欲、これらがじつにうってつけの武器を手に入れるわけだ。どこそこの女が金持だって？……魔女だ。――どこそこの女がきれいだって？……魔女だ。

『魔女』(上)、篠田浩一郎訳、岩波文庫、一九八三年

フランスの歴史家。民衆への共感にあふれた躍動的叙述で知られる。『フランス史』『フランス革命史』『魔女』のほか、自然を観察した『鳥』『虫』などの著作でも知られる。

6月12日　ハーバート・リード

1893. 12. 4〜
1968. 6. 12

私が示す例は、偉大な日本の画家葛飾北斎(一七六〇―一八四九)の色彩版画(「富嶽三十六景、神奈川沖浪裏」)である。……鑑賞者が普通のイギリス人であると考えよう。慣れた観察者が注意深く衝立《ついたて》の陰にかくれていたとすれば、この絵を見る人が眼をみはり、息をころし、おそらくは声を上げるのに気づくであろう。彼はそこに三十秒なり五分なり立ちつくしてから立去り、文句なしに受けた歓《よろこ》びについて、その後法外な最大級の形容詞をつらねた手紙を書くことだろう。

『芸術の意味』滝口修造訳、みすず書房、一九五八年

イギリスの詩人・評論家。ヴィクトリア・アンド・アルバート美術館副館長、エディンバラ大教授などを歴任。文学・美術・政治論など広い分野で活躍。著書に『芸術の意味』『モダン・アートの哲学』など。

ヴァージニア・ウルフ 1882. 1. 25〜1941. 3. 28 6月13日

人々の眼、濶歩、足踏み、とぼとぼ歩き、怒号と喧躁《けんそう》、馬車、自動車、バス、荷車、足をひきずり体をゆすぶって歩くサンドウィッチ・マン、ブラス・バンド、手《て》風琴《ふうきん》、頭上を飛ぶ飛行機の凱歌《がいか》とも鐶《かん》の音とも奇妙な高調子の歌声とも聞える爆音、こういうものをわたしは愛するのよ。人生を、ロンドンを、六月のこの瞬間を。

『ダロウェイ夫人』富田彬訳、角川文庫、一九五五年

イギリスの作家。意識の流れを重視した心理主義派に属する。ブルームズベリー・グループの社交の中心人物。入水自殺。『ダロウェイ夫人』『灯台へ』ほか。『ダロウェイ夫人』は、一九二三年六月一三日のロンドンの朝から晩までの出来事を描いている。

6月14日　マックス・ヴェーバー　1864. 4. 21～1920. 6. 14

政治とは、情熱と判断力の二つを駆使しながら、堅い板に力をこめてじわっじわっと穴をくり貫《ぬ》いていく作業である。……自分が世間に対して捧げようとするものに比べて、現実の世の中が――自分の立場からみて――どんなに愚かであり卑俗であっても、断じて挫《くじ》けない人間。どんな事態に直面しても「それにもかかわらず《デンノッホ》！」と言い切る自信のある人間。そういう人間だけが政治への「天職《ベルーフ》」を持つ。

『職業としての政治』脇圭平訳、岩波文庫、一九八〇年

ドイツの社会学者・経済学者。経済行為や宗教現象の社会学的理論の分野を開拓。マルクスと並ぶ社会科学の巨人。『プロテスタンティズムの倫理と資本主義の精神』『職業としての学問』『職業としての政治』ほか。

芥川龍之介 1892. 3. 1〜1927. 7. 24　6月15日

また立ちかへる水無月《みなづき》の
歎きを誰にかたるべき。
沙羅のみづ枝に花さけば、
かなしき人の目ぞ見ゆる。

（「相聞　三」）

『芥川龍之介全集』第九巻、岩波書店、一九七八年

小説家。東京生れ。夏目漱石門下。洗練された感覚と鋭敏な知性で、特に短編や評論にすぐれた作品を残す。「漠然とした不安」から自殺。『鼻』『芋粥』『羅生門』『地獄変』『偸盗《ちゅうとう》』『河童』『歯車』『侏儒《しゅじゅ》の言葉』『或阿呆の一生』など。

6月16日　マルク・ブロック　1886. 7. 6〜1944. 6. 16

封建時代のヨーロッパにおける乳児の死亡率がはなはだ高かったことは、まずまちがいのないところだが、このことは、ほとんど常態であった喪に対して人の感情をにぶらせずにはおかなかった。大人のほうはどうかといえば、戦禍による不慮の死を別にしても、その生命はいまとくらべて概して短かった。……老化現象は、ひじょうに早く、現代でいえば壮年期から現われたらしい。以下みるように、みずから年老いていると感じていたこの世界は、実は、若年の人々によって動かされていたのだ。

『封建社会』堀米庸三監訳、岩波書店、一九九五年

フランスの歴史学者。フランス中世農村社会の研究にすぐれた業績をあげた。反ナチス抵抗運動に参加し、第二次大戦末期、ゲシュタポによって逮捕、射殺された。『奇妙な敗北』『封建社会』など。

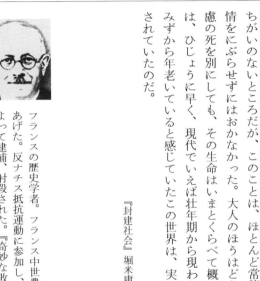

トーマス・クーン 1922.7.18〜1996.6.17 6月17日

パラダイムはある一定期間成熟した科学者集団が採用する方法、問題領域、解答の規準の源泉となっている。その結果、新しいパラダイムを受け入れることは、それに対応する科学の再定義を伴うことが多い。若干の古い問題は別の科学に追いやられるか、全く「非科学的」と焼印を押されることにもなる。また、今まで存在しなかった、あるいはつまらないとみなされていた問題が、新しいパラダイムの下に脚光を浴び、科学上の仕事の原型となる。そして問題が変わるにつれて、本当の科学的解答と単なる形而上的思弁や言葉の遊戯、数学遊戯を区別する規準も変わることが多い。

『科学革命の構造』中山茂訳、みすず書房、一九七一年

アメリカの科学史家。科学理論の発展と転換の構造を説明するパラダイムの概念を提出した。のちにこれを専門学問母体と言い換えた。『科学革命の構造』。

6月18日

宮本武蔵 1584頃〜1645. 5. 19

目の付けやうは、大きに広く付くる目也。観見《かんけん》二つの事、観の目つよく、見の目よはく、遠き所を近く見、ちかき所を遠く見る事、兵法の専《せん》也。敵の太刀をしり、聊《いささか》も敵の太刀を見ずといふ事、兵法の大事《だいじ》也。

『五輪書』渡辺一郎校注、岩波文庫、一九八五年

江戸初期の剣客。武道修業のため諸国を遍歴して二刀流を案出した、二天流剣法の祖。佐々木巌流との試合が名高い。晩年は熊本に住み、水墨画もよくした。『五輪書』ほか。

パスカル 1623. 6. 19〜 1662. 8. 19 6月19日

自然の中での人間とは何なのか。全体に対しては虚無、虚無に対しては全体、無と全体の間では中間で、両極端を理解することから無限に隔てられている。事物の究極もその始原も人間には計り知れない秘密のうちに隠されて、それを見通すことはできない。

『パンセ』(上)、塩川徹也訳、岩波文庫、二〇一五年

フランスの哲学者・数学者・物理学者。大気圧・液体圧に関する業績や円錐曲線論は有名。無限の宇宙に比べ人間は葦の如く弱いが、それを知っていることで偉大であるとした。『パンセ』(冥想録)ほか。

6月20日　レオナルド・ダ・ヴィンチ　1452. 4. 15〜1519. 5. 2

画家は孤独でなくてはならぬ——画家は孤独で、自分の眺めるものをすべて熟考し、自己と語ることによって、どんなものを眺めようともそのもっとも卓《すぐ》れた個所を選択し、鏡に似たものとならねばならぬ。鏡は自分の前におかれたものと同じ色彩に変るものだ。このようにしてこそ、画家は「自然」に従ったように見えるだろう。

（「画家の生活と勉強」）

『レオナルド・ダ・ヴィンチの手記』(上)、杉浦明平訳、岩波文庫、一九五四年

イタリア、ルネサンス期の芸術家・自然科学者。絵画に「モナリザ」「最後の晩餐」など、不朽の作品を遺す。遺稿『アトランティコ手稿』『マドリード手稿』からも、この巨人の多彩な活動を知ることができる。

サルトル 1905. 6. 21～ 1980. 4. 15

人間は自由である。人間は自由そのものである。もし……神が存在しないとすれば、われわれは自分の行いを正当化する価値や命令を眼前に見出すことはできない。……われわれは逃げ口上もなく孤独である。そのことを私は、人間は自由の刑に処せられていると表現したい。

『実存主義とは何か』伊吹武彦訳(『サルトル全集』第一三巻、人文書院、一九六三年)

フランスの文学者・哲学者。第二次大戦中、レジスタンス運動に参加。戦後、実存主義を唱道し、雑誌『現代』を主宰した。小説『嘔吐』『自由への道』、戯曲『蝿』『アルトナの幽閉者』、哲学書『存在と無』など。ノーベル文学賞受賞を拒否した。

6月22日　マキアヴェッリ　1469.5.3〜1527.6.22

人民は優しく手なずけるか、さもなければ抹殺してしまうかだ。なぜならば、軽く傷つければ復讐してくるが、重ければそれができないから。したがって、そういう誰かを傷つけるときには、思いきって復讐の恐れがないようにしなければならない。

『君主論』河島英昭訳、岩波文庫、一九九八年

イタリアの政治思想家・歴史家。フィレンツェの人。政治を倫理や宗教から分離して考察、近代政治学の基礎を築いた。『君主論』『ローマ史論』『フィレンツェ史』ほか。

南方熊楠《みなかたくまぐす》 1867. 4. 15〜 1941. 12. 29

6月23日

槍が専門なればとて、向うの堤《つつみ》を通る敵を見のがしては味方の損なり。そのとき下手ながらも鉄砲を心得おり打って見れば中《あた》ることもあるべし。小生何一つくわしきことなけれどいろいろかじりかきたるゆえ、間に合うことは専門家より多き場合なきにあらず。一生官途にもつかず会社役所へ出勤もせず昼夜学問ばかりしたゆえ、専門家よりも専門のことを多く知ったこともなきにあらず。(「履歴書」)

『南方熊楠随筆集』筑摩書房、一九六八年

民俗学者・博物学者。和歌山県生れ。南北アメリカに遊学のあと渡英、大英博物館東洋調査部員。諸外国語、民俗学、考古学に精通。粘菌を研究して多くの新種を発見した。『南方閑話』『南方随筆』など。

フロイト 1856. 5. 6〜1939. 9. 23

夢はわれわれに未来を示しているのだという古くからの信念にも、真理がまったく含まれていないわけではない。夢はわれわれに、欲望を成就したものとして表象させてくれるのであるから、その意味ではやはり、夢はわれわれを未来に導いているのである。しかし、夢見る人によって現在のこととされたその未来は、不壊の欲望によって、往時の過去の姿そのままに象《かたど》られているのである。

(『夢解釈』)

『フロイト全集』5、新宮一成訳、岩波書店、二〇一一年

オーストリアの精神医学者。人間の心理生活を、下意識または潜在意識の領域内に抑圧された性欲衝動(リビドー)の働きに帰し、心理解明の手段として精神分析学を創始した。『夢解釈』『精神分析入門』ほか。

タキトゥス 55頃〜120頃　6月25日

二人は同時に、小刀で腕の血管を切り開いて、血を流した。セネカは相当年をとっていたし、節食のため痩《や》せてもいたので、血の出方が悪かった。そこでさらに足首と膝の血管も切る。激しい苦痛に、精魂もしだいにつきはてる。セネカは自分がもだえ苦しむので、妻の意志がくじけるのではないかと恐れ、一方自分も妻の苦悶のさまを見て、今にも自制力を失いそうになり、妻を説得して別室に引きとらせた。最期の瞬間に臨んでも、語りたい思想がこんこんと湧いてくる。そこでセネカは写字生を呼びつけ、その大部分を口述させた。

*二人　セネカと妻パウリナ。

『タキトゥス　年代記』(下)、国原吉之助訳、岩波文庫、一九八一年

ローマ帝政初期の歴史家。貴族出身で政治にも活躍、雄弁家として知られる。『ゲルマニア』『歴史』『年代記』ほか。

6月26日

パール・バック

1892. 6. 26〜
1973. 3. 6

「いよいよ生まれるだ」と彼女は言った。「わたしは家へ帰ります。わたしが呼ぶまで部屋へははいらねえでください。新しく皮をむいた葦《あし》をするどく切って持ってきてください。それでへその緒《お》を切りますだ」

彼女はなんでもないように畑を横ぎって家のほうへ向かって行った。それを見送ってから、彼は向こうの畑にある池のへりへ行って、細い緑の葦を選んでたんねんに皮をむき、鎌でするどく切った。

『大地』I、大久保康雄訳(『世界文学全集』別巻五、河出書房新社、一九六〇年)

アメリカの作家。宣教師の娘として長らく中国に居住し、中国を題材とした多くの作品を書く。骨太で逞しく、かつ繊細な作風。広範な社会活動でも知られる。代表作『大地』ほか。ノーベル賞受賞。

私が庭園の東屋《あずまや》で最後のページの最後の数行を書いたのは、一七八七年六月二十七日の日というよりも夜の十一時と十二時の間であった。私は筆を擱《お》いた後で、田園、湖水、山脈の景観を見渡すアカシア並木の散歩道を何回か歩き廻った。空気は温暖で天空は澄み渡り、丸い銀色の月が湖面に映って万象寂《ばんしょうせき》として声がなかった。

『ギボン自伝』中野好之訳、筑摩書房、一九九四年

イギリスの歴史家。幼いころ病弱だったが、古典を中心とする大量の読書により学識を広げたという。アントニウス帝の治世から東ローマの滅亡まで一三世紀にわたるローマ帝国の歴史をいきいきと綴った『ローマ帝国衰亡史』は多くの読者を得た。引用は、その『ローマ帝国衰亡史』を二十余年の歳月を要して書き終えた日のくだり。

6月28日

林芙美子 1903. 12. 31〜1951. 6. 28

あぶないぞ！　あぶないぞ！　あぶない不精者《ぶしょうもの》故、バクレツダンを持たしたら、喜んでそこら辺へ投げつけるだろう。こんな女が一人うじうじ生きているよりも、いっそ早く、真二ツになって死んでしまいたい。熱い御飯の上に、昨夜の秋刀魚《さんま》を伏兵線にして、ムシャリと頬ばると、生きている事もまんざらではない。沢庵を買った古新聞に、北海道にはまだ何万町歩という荒地があると書いてある。ああそういう未開の地に私たちの、ユウトピヤが出来たら愉快だろうと思うなり。

『放浪記』岩波文庫、二〇一四年

小説家。下関市生れ。貧しい生活の中、尾道高女卒。一九三〇年、自伝的作品『放浪記』で名を成し、抒情と哀愁をたたえた多くの小説・紀行・随筆を発表。『清貧の書』『晩菊』『浮雲』ほか。

サン=テグジュペリ　1900.6.29〜1944.7.31　6月29日

「砂漠が美しいのは、どこかに井戸をかくしているからだよ……」と、王子さまがいいました。

とつぜん、ぼくは、砂がそんなふうに、ふしぎに光るわけがわかっておどろきました。ほんの子どもだったころ、ぼくは、ある古い家《うち》に住んでいたのですが、その家には、なにか宝が埋《う》められているという、いいつたえがありました。もちろん、だれもまだ、その宝を発見したこともありませんし、それをさがそうとした人もないようです。でも、家じゅうが、その宝で、美しい魔法にかかっているようでした。ぼくの家は、そのおくに、一つの秘密をかくしていたのです……

「そうだよ、家でも星でも砂漠でも、その美しいところは、目に見えないのさ」と、ぼくは王子さまにいいました。

『星の王子さま』内藤濯訳、岩波文庫、二〇一七年

フランスの小説家。飛行士生活を題材として人間性の高揚を描く。第二次大戦に参加し、コルシカ島の基地を出撃後、消息を絶った。『夜間飛行』『人間の土地』『戦う操縦士』のほか、童話『星の王子さま』など。

金子光晴 1895. 12. 25〜1975. 6. 30

パリから出かけてみると、ブルッセルは、小ぢんまりしていながら、どこか淋しい影のある都会で、それはやはり北欧という感じをふかく印象づける。殊更《ことさら》、冬の日は短く、弱々しく、それでも暖味《あたたかみ》のある淡い陽《ひ》ざしが、中世からつづくブラバン侯国の古風な石の建物の凹凸を、つつましく浮きあげている。小柄で、品のいい町で、盛り場にいても、羽目《はめ》を外《はず》した少女のいじらしい悔恨のような、動悸《どうき》の音がききとれるほど、しずかな街の気配である。

『ねむれ巴里』中公文庫、一九七八年

詩人。象徴派に親しみ、虚無をはらんだ自由人の眼と人間的嗜欲に執した反権力の詩をつづる。詩集『こがね虫』『蛾』。アジア・ヨーロッパへ放浪の旅に出、『どくろ杯』『マレー蘭印紀行』など紀行文を記す。

7　月

ライプニッツ　1646. 7. 1〜 1716. 11. 14　　7月1日

世界の充実性の為にすべてのものは聯結《れんけつ》していて、各物体は距離に応じて多かれ少かれ他の各物体に作用を及ぼし又《また》反作用によって他の物体から状態の変化を蒙《こうむ》るのであるから、おのおのの単子は自分自分の視点に従って宇宙を表現し宇宙そのものと同じ様に規則立っている活きた鏡即《すなわ》ち内的作用を具えた鏡だということがわかる。

（「理性に基づく自然及び恩恵の原理」）

『単子論』河野与一訳、岩波文庫、一九五一年

ドイツの数学者・哲学者・神学者。微積分学の形成者。単子（モナド）論、予定調和の説によって哲学・神学上の対立的見解の調停を試みた。記号論理学の萌芽も示す。『形而上学叙説』『単子論』など。

7月2日　ジャン=ジャック・ルソー　1712. 6. 28〜1778. 7. 2

こうしてわたしは地上でたったひとりになってしまった。もう兄弟も、隣人も、友人もいない。自分自身のほかにはともに語る相手もない。だれよりも人と親しみやすい、人なつこい人間でありながら、万人一致の申合せで人間仲間から追い出されてしまったのだ。人々は憎悪《ぞうお》の刃《やいば》をとぎすまして、どんな苦しめかたをしたら感じやすいわたしの魂にこのうえなく残酷な苦痛をあたえることができようかと思いめぐらしたすえに、わたしをかれらに結びつけていたいっさいのきずなを荒々しく断ち切ってしまったのだ。

（「第一の散歩」）

『孤独な散歩者の夢想』今野一雄訳、岩波文庫、一九六〇年

フランスの作家・啓蒙思想家。『人間不平等起源論』『社会契約論』などで民主主義理論を唱えて大革命の先駆をなすとともに、『新エロイーズ』などで情熱の解放を主張してロマン主義の父と呼ばれた。ほかに『エミール』『告白』など。

カフカ 1883. 7. 3～1924. 6. 3

7月3日

グレゴール・ザムザはある朝、なにやら胸騒ぐ夢がつづいて目覚めると、ベッドの中の自分が一匹のばかでかい毒虫に変わっていることに気がついた。甲羅《こうら》のように硬い背中を下に、仰向けで彼は寝ており、ちょっと頭を持ちあげると、円《まる》くもりあがった褐色の、弓なりにいくつもの環節に分かれた自分の腹部が見えたが、てっぺんには掛けぶとんが、今にもずり落ちそうになりながら、かろうじてなんとか踏みとどまっている。

（『変身』）

『変身・断食芸人』山下肇・山下萬里訳、岩波文庫、二〇〇四年

プラハ生れのドイツ語作家。実存主義文学の先駆者で、第二次大戦後の文学に大きな影響を及ぼした。小説『変身』『審判』『城』『アメリカ』など。

7月4日　マリー・キュリー　1867.11.7〜1934.7.4

発見は前もって積み重ねられた苦しい努力の結実であります。みのりの多い多忙の日々の間に、なにをやってもうまくいかない不安な日々がはいりこんできます。そういう日には研究対象そのものが敵対心をいだいているかとさえ思われてきます。こういうときこそ、じぶんの気の弱さや落胆とたたかわなければならないのです。ピエル・キュリーの不屈の忍耐心には一分のゆるみもありませんでしたが、それでもときには、

「ぼくたちの選んだ人生は、やはりつらいな。」

ともらしました。

『ピエル・キュリー伝』渡辺慧訳、白水社、一九五九年

フランスの物理学者・化学者。ポーランド生れ。夫はピエル。夫の死後、ラジウムの分離に成功。一九〇三年、夫とともにノーベル物理学賞を、一一年には化学賞を受賞。マリー自身は『ピエル・キュリー伝』を著し、『キュリー夫人伝』は娘エーヴの著。

荘　子　前370頃～前310頃　　7月5日

北冥《ほくめい》に魚あり、其《そ》の名を鯤《こん》と為《な》す。鯤の大いさ其の幾千里なるかを知らず。化して鳥と為《な》るや、其の名を鵬《ほう》と為す。鵬の背、其の幾千里なるかを知らず。怒《ど》して飛べば、其の翼《つばさ》は垂天《すいてん》の雲の若《ごと》し。是《こ》の鳥や、海の運《うご》くとき則《すなわ》ち将《まさ》に南冥に徙《うつ》らんとす。南冥とは天池《てんち》なり。

（「逍遥遊篇」）

『荘子』第一冊（内篇）、金谷治訳注、岩波文庫、一九七一年

中国、戦国時代の思想家・荘周の敬称。孟子と同時代の人で老子の思想を受けてこれを哲学的に発展させ、巧みな寓言によって無為自然の道を説いた。老子とともに道家の代表者で、老荘と並称する。『荘子』はその著とされる。

7月6日　トマス・モア　1478. 2. 6〜1535. 7. 6

金や銀でだいたい彼らは何をつくるかといえば、実に便器である。汚《きた》ない用途にあてる雑多な器具である(これらは共同の会館においても、各個人の家庭においても同じように用いられている)。さらに奴隷を縛《しば》るのに用いる足枷《あしかせ》・手枷の鎖《くさり》である。そして最後に、罪を犯したため破廉恥漢《はれんちかん》として皆に蔑《さげす》まれている人間が耳につける耳飾りであり、指にはめる指環であり、首にまく鎖であり、さては頭にまく鉢巻《はちまき》である。かようにしておよそ考えられるあらゆる手段方法を通じて、金銀を汚いもの、恥ずべきものという観念を人々の心に植えつけようとするのである。

『ユートピア』平井正穂訳、岩波文庫、一九五七年

イギリスの政治家・思想家。エラスムスと交わり、古典および法律を研究、枢密顧問官・下院議長・大法官を歴任したが、叛逆罪に問われ処刑された。主著『ユートピア』で理想社会を描くことでイギリス社会を痛烈に批判した。

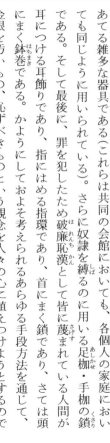

ラ・フォンテーヌ 1621.7.7〜1695.4.14　7月7日

ストア派は魂から欲望と情念を除き去る、よいものも、悪いものも、まったく罪のない願望まで。

こういう人たちにたいして、わたしは抗議する。かれらはわたしたちの心から主要な力を除き去る。かれらは人が死ぬまえに生きることをやめさせる。

（「スキティアの哲人」）

『寓話』(下)、今野一雄訳、岩波文庫、一九七二年

フランスの詩人。イソップなどに取材し、自然で優雅な韻文を駆使した『寓話』一二巻は、動物を借りて普遍的な人間典型を描き出した寓話文学の傑作。

7月8日　エドマンド・バーク

1729.1.12〜
1797.7.8

実際我々が直面する状況、つまり巨大な収入、途方もない負債、強大な陸海軍、政府それ自身が一大銀行家にして一大商人であるというような現在の事態においては、もしも或る種の極悪な悪名高い行動や致命的な改革によってこれら民衆の代表が法律の柵を越え出て恣意的な権力を導入しようとする事態が生ずる場合には、これら代表が国家公共の利益に対する或る程度の配慮を保持することを可能にする唯一の方法は、民衆という団体そのものが介入する以外にないというのが私の信念である。

（『現代の不満の原因』）

『エドマンド・バーク著作集』I、中野好之訳、みすず書房、一九七三年

イギリスの政論家。ホイッグ党員。ジョージ三世の専制に反対、アメリカの独立運動に同情を寄せた。また、フランス革命の過激化に反対した。『フランス革命に関する省察』など。

森 鷗外 1862.1.19〜1922.7.9

抽斎《ちゅうさい》は医者であった。そして官吏であった。そして経書《けいしょ》や諸子のような哲学方面の書をも読み、歴史をも読み、詩文集のような文芸方面の書をも読んだ。その迹《あと》が頗《すこぶ》るわたくしと相似《あいに》ている。ただその相殊《あいこと》なる所は、古今時《とき》を異《こと》にして、生の相及ばざるのみである。いや。そうではない。今一つ大きい差別《しゃべつ》がある。それは抽斎が哲学文芸において、考証家として樹立することを得るだけの地位に達していたのに、わたくしは雑駁《ざっぱく》なるヂレッタンチスムの境界《きょうがい》を脱することが出来ない。わたくしは抽斎に視《み》て忸怩《じくじ》たらざることを得ない。

（その七）

『渋江抽斎』岩波文庫、一九九九年

小説家・評論家。名は林太郎。島根県津和野生れ。軍医となり、ヨーロッパ留学。陸軍軍医総監・帝室博物館長。かたわら西欧文学の紹介・翻訳、創作・批評を行なった。『舞姫』『阿部一族』『渋江抽斎』『高瀬舟』、翻訳に『即興詩人』『ファウスト』など。

7月10日

プルースト 1871. 7. 10〜1922. 11. 18

やがて私は、その日が陰鬱で、明日も陰気だろうという想いに気を滅入らせつつ、なにげなく紅茶を一さじすくって唇に運んだが、そのなかに柔らかくなったひとかけらのマドレーヌがまじっていた。ところがお菓子のかけらのまじったひと口が口蓋《こうがい》にふれたとたん、私は身震いし、内部で尋常ならざることがおこっているのに気づいた。えもいわれぬ快感が私のなかに入りこみ、それだけがぽつんと存在して原因はわからない。

（「スワン家のほうへ」I）

『失われた時を求めて』1、吉川一義訳、岩波文庫、二〇一〇年

フランスの小説家。長編小説『失われた時を求めて』は、記憶と意識の持続とを核としながら、第三共和制下のフランスの上流社会とそこに生きる人々の変容を描き出し、芸術に対する作者の理想を示したもの。

ハイゼンベルク 1901. 12. 5〜 1976. 2. 1

7月11日

一度でもって、おそらく十万人の市民を殺害し得るような原子爆弾は、他の武器と同じに考えてよいだろうか？　われわれは、古くからあるがしかし問題のある原則《ルール》、すなわち〝悪のための戦いに許されない手段も、善のためにはすべて許される〟という原則を適用してよいものだろうか？　つまり原子爆弾も悪のためでなく善のためなら作ってもよいのか。

『部分と全体』山崎和夫訳、みすず書房、一九七四年

ドイツの理論物理学者。マトリックス力学・不確定性原理を提唱。シュレディンガーの波動力学と並んで、量子力学創始の中心人物。ドイツの原子力研究を指導。ノーベル賞受賞。

7月12日

鈴木大拙 1870. 10. 18〜1966. 7. 12

東洋では霊性的美の欠けたものを、ほんとうの美とは見ないのである。霊性的生活から遊離した美は、ただそれだけのことで、それ以上には何の意味をも持たない。茶人は、床の間に、何もおかずに、まだ開きもせぬ一枝の花をそのまま、何の飾りもない花瓶の中に入れて、壁にかけておく。この蕾に、天地未だ分かれざるとき、いわゆる神が「光あれ」といった、そのままの光の影がうつって見える、といったら、今日の東洋の人々は、これを肯《うべな》うか、どうか。

（「東洋「哲学」について」）

『新編 東洋的な見方』上田閑照編、岩波文庫、一九九七年

仏教学者。禅と念仏を研究し、仏教の紹介を通じて東洋的な思想感情を欧米人に理解させることに努めた。『大乗起信論』の英訳をはじめ多くの英文の著作もある。『日本的霊性』『禅思想史研究』ほか。

パステルナーク 1890. 2. 10〜1960. 5. 30　7月13日

日常の暮しは跡形もなく崩れ去って、あとに残ったのは、およそ非日常的な、ものの役にも立たない力、それこそ一糸まとわぬまで丸裸にされてしまった魂の内奥だけなんだわ。でも、この魂の内奥にとっては何一つ変っていないの。だって、それはいつの時代だって、寒そうにがたがた震えていたんだし、たまたま隣合った同じように丸裸の孤独な魂に、いつも身をすり寄せるようにしていたんですものね。

『ドクトル・ジバゴ』第Ⅱ部、江川卓訳、時事通信社、一九八〇年

ソ連の詩人・作家。芸術至上主義の抒情詩人であったが、スターリン時代、迫害を受け、時代の悲劇を証言する詩人となった。シェークスピア、ゲーテのすぐれた翻訳もある。詩集『わが妹 人生』、小説『ドクトル・ジバゴ』ほか。

7月14日　サミュエル・ジョンソン　1709. 9. 18〜1784. 12. 13

怠惰は克服されねばならぬ病気だ。しかし僕は特定の学習計画の厳格な実行を勧めようとは思わない。僕自身これまで二日間と続けて、決った計画通りに実行したことがない。人間は気持が赴《おもむ》くままに読書すべきものだ。課題として読む本は余りその当人のためにならない。

J・ボズウェル『サミュエル・ジョンソン伝』1、中野好之訳、みすず書房、一九八一年より

イギリスの文献学者・批評家・詩人。当時、文壇の大御所といわれた。『英語辞典』『詩人列伝』を著したほか、『シェークスピア全集』の校訂・註釈など。弟子ボズウェルの『サミュエル・ジョンソン伝』は評伝文学の傑作。

ベンヤミン 1892. 7. 15〜1940. 9. 27

「新しい天使《アンゲルス・ノーヴス》」と題されたクレーの絵がある。それにはひとりの天使が描かれていて、この天使はじっと見詰めている何かから、いままさに遠ざかろうとしているかに見える。その眼は大きく見開かれ、口はあき、そして翼《つばさ》は拡げられている。歴史の天使はこのような姿をしているにちがいない。彼は顔を過去の方に向けている。私たちの眼には出来事の連鎖が立ち現われてくるところに、彼はただひとつ、破局《カタストローフ》だけを見るのだ。

（「歴史の概念について」）

『ベンヤミン・コレクション』1、浅井健二郎訳、ちくま学芸文庫、一九九九年

ドイツの思想家。独自の美学的象徴論や寓意論を展開。ユダヤ系でナチス時代は亡命地のパリなどでマルクス主義的芸術論や社会史研究を行う。パリ陥落後、逃亡の途上ピレネー山中で自殺。『ドイツ悲劇の根源』『パサージュ論』ほか。

ムハンマド

571頃〜
632.6.8

誦《よ》め、「創造主《つくりぬし》なる主《しゅ》の御名において。
いとも小さい凝血から人間をば創りなし給う。」
誦め、「汝の主《しゅ》はこよなく有難いお方。
筆もつすべを教え給う。
人間に未知なることを教え給う」と。
はてさて人間は不遜《ふそん》なもの、
己《おの》れひとりで他《ひと》は要《い》らぬと思いこむ。
旅路の果ては主《しゅ》のみもと、とは知らないか。

（第九六章「凝血」）

『コーラン』(下)、井筒俊彦訳、岩波文庫、一九五八年

ムハンマドとは「賞讃される者」の意。イスラム教の開祖。アラビアのメッカ生れ。四〇歳の頃アッラーの啓示を受け、唯一神の信仰と偶像崇拝の排斥、人間の平等性を訴えて新宗教を提唱。『コーラン』は預言者ムハンマドを通じて語られた神の言葉とされる。七月一六日はヒジュラ(聖遷)の日。

樋口一葉 1872.3.25〜 1896.11.23

7月17日

十七日　晴れ。家を下谷《したや》辺に尋ぬ。国子のしきりにつかれて行《ゆく》ことをいなめば、母君と二人にて也。坂本通りにも二軒計《ばかり》見たれど気に入《いり》けるもなし。行々《ゆきゆき》て龍《りゅう》泉寺《せんじ》丁《まち》と呼ぶ処に、間口《まぐち》二間奥行六間計なる家あり。左隣りは酒屋なりければ其処《そこ》に行きて諸事を聞く。雑作《ざうさく》はなけれど店は六畳にて五畳と三畳の座敷あり。向きも南と北にして都合わるからず見ゆ。三円の敷金にて月壱円五十銭といふに、いさゝかなれども庭もあり。其《その》家のにはあらねどうらに木立《こだち》どものいと多かるもよし。

（「塵之中」一八九三年七月一七日）

『翻刻 樋口一葉日記』鈴木淳・越後敬子編、岩波書店、二〇〇二年

小説家。本名、奈津。東京生れ。明治の社会の底辺で生きた女性たちを、雅俗折衷の文体で描いた。小説『たけくらべ』『にごりえ』『大つごもり』『十三夜』などのほか、文学性高い多数の日記を残した。

7月18日　ジェーン・オースティン　1775. 12. 16〜1817. 7. 18

結婚の幸福は、まったく運次第ですもの。お互いに気心がわかっていても、前もって似ていても、そんなことでしあわせが増すってわけのものじゃないわ。後でいくらでも似なくなってきて、お互いに気まずい思いをするのがおちよ。だからあなたも、一生を共にする人の欠点は、なるたけ知らないでいた方がしあわせなのよ。

『高慢と偏見』(上)、富田彬訳、岩波文庫、一九九四年

イギリスの小説家。地方市民の日常生活を軽い皮肉と哀感をこめて描き、イギリス家庭小説の頂点を示した。『分別と多感』『高慢と偏見』『エマ』など六篇の作がある。

マルクーゼ 1898. 7. 19〜 1979. 7. 29

7月19日

フロイトの理論から生まれた人間の概念は、西欧文明のもっとも決定的な断罪であると同時に、そのもっとも強力な擁護にもなっている。フロイトによれば、人間の歴史は、抑圧の歴史である。文化は、人間の社会的な存在だけではなく、生物的な存在も制約し、人間存在の一部分だけではなく、本能の構造それ自身を制約する。しかも、その制約こそ進歩の前提なのである。人間の基本的な本能は、自然の目標を追及するのにまかせておけば、すべての永続的な結合と維持に反するだけではなく、統一を破壊してしまう。コントロールされないエロスは、その恐ろしい相手である死の本能と同様に、致命的である。

『エロス的文明』南博訳、紀伊國屋書店、一九五八年

ドイツ生れでユダヤ系の社会学者・哲学者。フランクフルト学派の第一世代に属す。ナチスに追われアメリカに亡命。フロイトとマルクスに依拠して先進産業社会の一次元化・管理社会化を批判。『エロス的文明』『一次元的人間』など。

7月20日

ヴァレリー

1871. 10. 30〜
1945. 7. 20

風が立つ！……　生きる努力をせねばならぬ！
広大な大気が私の本を開いては閉じ、
波が飛沫となって岩からほとばしる！
飛び去るがいい、光にくらむページよ！
砕け、波よ！　砕け　喜びに沸き立つ水で
三角帆が餌をついばんでいた穏やかなこの屋根を！

（「海辺の墓地」）

『フランス名詩選』安藤元雄・入沢康夫・渋沢孝輔編、岩波文庫、一九九八年

フランスの詩人。マラルメの象徴詩の詩論を推し進めて純粋詩の理論を確立し、文学・芸術・文化全般にわたって精妙な評論を書く。詩「若きパルク」「海辺の墓地」ほか。引用は安藤訳。

マクルーハン 1911. 7. 21〜1980. 12. 31

7月21日

〝メッセージ〟が〝メッセンジャー〟より早くとどくようになったのは、電信の登場以来のことである。それ以前には、〝道路〟と〝書かれたことば〟とは、相互に密接に関係していた。電信の登場とともにインフォメーションは、石やパピルス(紙)などの固体から分離した。それはちょうど金銭が獣皮や金塊や金属から分離し、最後には紙になったのに似ている。

『人間拡張の原理 メディアの理解』後藤和彦・高儀進訳、竹内書店、一九六七年

カナダの社会学者・文明批評家。人間の身体機能を拡大するものをすべてメディアと捉え、活字から電子媒体への推移を中心に独自のメディア論を展開した。『グーテンベルクの銀河系』『メディア論』など。

7月22日

後白河法皇 1127.9.11～1192.3.13

遊びをせんとや生れけむ、戯《たわぶ》れせんとや生れけん、遊ぶ子供の声きけば、我が身さへこそ動《ゆる》がるれ。

*

心の澄《す》むものは、霞《かすみ》花園夜半《よわ》の月、秋の野辺、上下も分《わ》かぬは恋の道、岩間《いわま》を漏《も》り来《く》る滝の水。

*

風に靡《なび》くもの、松の梢《こずえ》の高き枝、竹の梢とか、海に帆《ほ》かけて走る船、空には浮雲《うきくも》野辺には花薄《はなすすき》。

『梁塵秘抄』佐佐木信綱校訂、岩波文庫、一九五七年

平安後期の法皇。鳥羽天皇の第四皇子。二条天皇に譲位後、五代三四年にわたって院政、一一六九年、法皇となる。造寺・造仏を盛んに行い、今様(いまよう)を好んで歌謡集『梁塵秘抄』を撰した。

チャンドラー 1888.7.23〜 1959.3.26　7月23日

私たちは別れの挨拶をかわした。車が角《かど》をまがるのを見送ってから、階段をのぼって、すぐ寝室へ行き、ベッドをつくりなおした。枕の上にまっくろな長い髪が一本残っていた。腹の底に鉛《なまり》のかたまりをのみこんだような気持だった。こんなとき、フランス語にはいい言葉がある。フランス人はどんなことにもうまい言葉を持っていて、その言葉はいつも正しかった。さよならをいうのはわずかのあいだ死ぬことだ。

『長いお別れ』清水俊二訳、ハヤカワ・ミステリ文庫、一九七六年

アメリカの探偵小説家。硬質で乾いた文体に洒落た会話をちりばめ、ハードボイルド作家の第一人者とされる。『大いなる眠り』『長いお別れ』ほか。

7月24日

谷崎潤一郎 1886. 7. 24〜1965. 7. 30

諸君はまたそういう大きな建物の、奥の奥の部屋へ行くと、もう全く外の光りが届かなくなった暗がりの中にある金襖《きんぶすま》や金屏風が、幾間を隔てた遠い遠い庭の明りの穂先を捉《とら》えて、ぽうっと夢のように照り返しているのを見たことはないか。その照り返しは、夕暮れの地平線のように、あたりの闇へ実に弱々しい金色の明りを投げているのであるが、私は黄金というものがあれほど沈痛な美しさを見せる時はないと思う。

（「陰翳礼讃」）

『谷崎潤一郎随筆集』篠田一士編、岩波文庫、一九八五年

小説家。初期は耽美と背徳の空想的な世界を華麗に描いたが、大正後期から日本的な伝統美に傾倒し、王朝文学の息吹きを現代に生かした新しい境地を拓いた。『刺青』『蓼喰ふ虫』『卍』『春琴抄』『細雪』ほか。『源氏物語』の現代語訳でも知られる。

エリック・ホッファー 1902.7.25〜1983.5.20 7月25日

自然は完全なものだが、人間は決して完全ではない。完全なアリ、完全なハチは存在するが、人間は永遠に未完のままである。人間は未完の動物であるのみならず、未完の人間でもある。他の生き物と人間を分かつもの、それはこの救いがたい不完全さにほかならない。人間は自らを完全さへと高めようとして、創造者となる。そして、この救いがたい不完全さゆえに、永遠に未完の存在として、学びつづけ成長していくことができる。

『魂の錬金術』中本義彦訳、作品社、二〇〇三年

アメリカの社会哲学者・港湾労働者。ドイツ系移民の子として生まれ、学校教育を受けず、肉体労働者として放浪しながら図書館などで独学を続け、独自の思想を築き上げた。『大衆運動』『波止場日記』ほか。

7月26日　バーナード・ショウ 1856.7.26〜1950.11.2

生に関する技術では、人間は、何物も発明しませんが、死に関する技術では、人間は自然を凌駕《りょうが》して、化学や機械の力で、悪疫、流行病、饑饉《ききん》というような、あらゆる殺戮《さつりく》を行っています。

『人と超人』市川又彦訳、岩波文庫、一九五八年

イギリスの劇作家・批評家。フェビアン協会の設立に参加。辛辣な諷刺と皮肉で有名。戯曲『人と超人』『聖女ジョウン』などのほか、社会主義評論が多い。ノーベル賞受賞。

バックミンスター・フラー 1895. 7. 12〜 1983. 7. 1 7月27日

私は、どのような発明や発見の場合も、科学上のアイデアのひらめきと同時に魅力的な女神が私の人生に現れる、という体験をしてきました。……こうしたことは私の人生にいくどとなくありました。私が何かの発見をしかけ、思考の感覚を高めていると、いつも私にとって非常に魅力的な女性が現れ、ふと気がつくと私は恋に陥りかけているのでした。そして私が恋にそれ以上深入りせずに踏みとどまれた時だけ、私は発見と発明に専念できたのでした。

マーティン・ポーリー『バックミンスター・フラー』渡辺武信・相田武文訳、鹿島出版会、一九九四年より

アメリカの数学者・建築家・思想家。独自の数学・物理学体系を構築し、それを応用した発明を発表。建築家としては球状ドームの設計で有名。また、「宇宙船地球号」概念の提唱でも著名。

7月28日

井伏鱒二 1898.2.15～1993.7.10

あるとき私は滝つぼで、黒漆《くろうるし》をかけたように頭の光る古色蒼然《こしょくそうぜん》たる鮠《はや》を釣ったことがある。ちょっと奇怪の感じがした。この鮠は魚籃《びく》のなかで、ながいこと重々しく跳ねまわっていた。そのとき、下から見上げる滝の上に短い虹が現われていた。立ちのぼる水しぶきが産んでいる虹である。そして、水しぶきの渦巻きが動くにつれ、虹も位置を変えていた。横幅の狭い虹であった。

（「鮠釣り」）

『川釣り』岩波文庫、一九九〇年

小説家。庶民生活の哀歓を独特のユーモアとペーソスで綴るが、その底に鋭い人間観察と社会諷刺の目が光る。『山椒魚』『本日休診』『黒い雨』ほか。釣りの随筆でも知られる。

すべての人間が相似たものになればなるほど、各人は全体の前で自己の無力をますます強く感じる。人々の水準を抜き、自分を際立たせるものを何一つ見出せないので、皆に反対されるとたちまち自信をなくす。自分の力を疑うだけでなく、自分の権利を疑うようになり、大多数の人々に言われると、自分が間違っていたといまにも認めそうである。多数者は強要する必要はない。説得するだけである。

『アメリカのデモクラシー』第二巻(下)、松本礼二訳、岩波文庫、二〇〇八年

フランスの政治学者。一八三〇年代に米国を旅行、その見聞をもとにした『アメリカのデモクラシー』は米国政治研究の古典。当時のフランスの議会制民主主義に比して、米国では、人民主権の考えが広く行き渡っているとした。

7月30日　ヘルダーリン

1770. 3. 20〜
1843. 6. 7

人間は苫屋《とまや》に住まい、恥じらいの衣服に包まれている。内気で用心深くもあるからだが、巫女《みこ》が神火を守るように魂《ガイスト》を守っているからだ。これこそが人間の分別である。だからこそ神々に似たものである人間には、自由が、つまり命令し遂行するより高い力が与えられ、あらゆる財宝のうちもっとも危険なものである言葉が与えられたのだ。創造し、破壊し、没落し、永遠に生きる支配者である母のもとにもどっていって、おのれが何者であるかを証言し、その母からそのもっとも神的なもの、つまりすべてをはぐくむ愛を承《う》け継《つ》ぎ学んだことを証言せんがために。

「一八〇〇年の断片的草案」より、編者訳出

ドイツの詩人。古代ギリシアにあこがれ、汎神論的な格調の高い頌詩などを作った。三〇歳代で精神に異常を来す。詩作のほか、書簡体小説『ヒュペーリオン』などがある。

柳田国男《やなぎた》 1875. 7. 31〜1962. 8. 8

7月31日

今でも明らかに記憶するのは、この小山の裾を東へまわって、東おもての小松原の外に、舟の出入りにはあまり使われない四五町ほどの砂浜が、東やゝ南に面して開けて居たが、そこには風のやゝ強かった次の朝などに、椰子《やし》の実の流れ寄って居たのを、三度まで見たことがある。一度は割れて真白な果肉の露われ居るもの、他の二つは皮に包まれたもので、どの辺の沖の小島から海に泛《うか》んだものかは今でも判らぬが、ともかくも遥かな波路を越えて、まだ新らしい姿でこんな浜辺まで、渡って来て居ることが私には大きな驚きであった。

『海上の道』岩波文庫、一九七八年

民俗学者。貴族院書記官長をへて朝日新聞社に入社。のち民間にあって民俗学研究を主導、民間伝承の会・民俗学研究所を設立した。『遠野物語』『木綿以前の事』『海上の道』『毎日の言葉』『蝸牛考』など著作が多い。

8　月

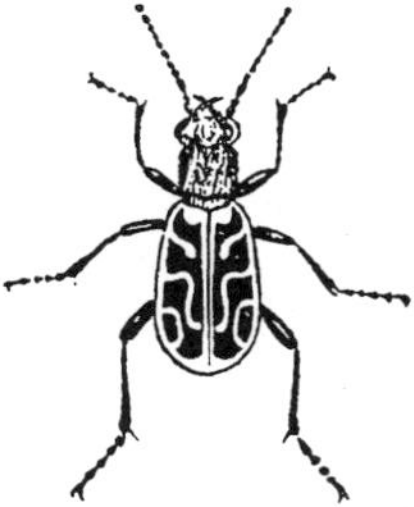

室生犀星 1889. 8. 1〜 1962. 3. 26

8月1日

かのしら雲を呼ばむとするもの
まことにかぞふるべからず
飛べるものは石となりしか
さびしさに啼き立つる
ゆふぐれの鳥となりしか

（「しら雲」）

『抒情小曲集』（『抒情小曲集・愛の詩集』講談社文芸文庫、一九九五年）

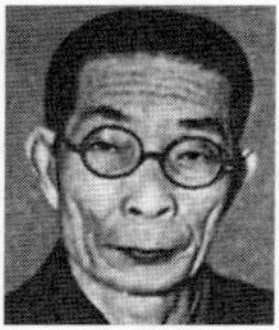

詩人・小説家。北原白秋・萩原朔太郎らと交わり、抒情詩人として知られた。のち小説に転じ、野性的な人間追求と感覚的描写で一家を成す。『愛の詩集』『幼年時代』『あにいもうと』『杏っ子』ほか。

ブロツキー 1940.5.24〜1996.1.28

私はローマに滞在した。ひかりにずぶ濡れになって。そう、
破片だけが夢見ることができるように!
私の網膜にうかぶのは、燦然たる円形《コイン》。
あたり一面の暗闇にはこれで充分だろう。

『ローマ悲歌』たなかあきみつ訳、群像社、一九九九年

ロシアの詩人。レニングラード生れ。詩のテーマは「文化的生きもの」としての人間。一九七二年、国外退去を強いられ、アメリカに亡命。英語での詩作もした。『ヴェネツィア』ほか。ノーベル賞受賞。

吉田健一　1912. 3. 27～1977. 8. 3

8月3日

春から秋に掛けての英国の自然が、我々東洋人には直ぐには信じられないくらい、美しいならば、英国の冬はこれに匹敵して醜悪である。そして冬が十月に来る国では、この二つの期間はその長さに掛けて先ず同じであって、英国人はこういう春や夏があるから冬に堪えられるのでなしに、このような冬にも堪えられる神経の持主なので春や夏の、我々ならば圧倒され兼ねない美しさが楽《たのし》めるのである。

『英国の文学』岩波文庫、一九九四年

評論家・英文学者・小説家。東京生れ、吉田茂の長男。ケンブリッジ大中退。ヨーロッパ文学の伝統をふまえて日本の近代文学を徹底批判。『英国の文学』『ヨオロッパの世紀末』『瓦礫（がれき）の中』『私の食物誌』など。

ジンメル 1858. 3. 1〜1918. 9. 26

自分自身に適せず、踏み迷って、休むことを知らない存在、それが人間である。理性的存在としては余りに多くの自然を有し、自然的存在としては余りに多くの理性を有している——どうすればよいのか。

(『日々の断想』)

『愛の断想・日々の断想』清水幾太郎訳、岩波文庫、一九八〇年

ドイツの哲学者・社会学者。形式社会学の祖。生の哲学に立ち、倫理学・文化哲学・歴史学・美学など多方面にわたって強靭な思索を展開した。『歴史哲学の諸問題』『社会学』『愛の断想』『日々の断想』ほか。

モーパッサン 1850. 8. 5〜 1893. 7. 6　8月5日

彼女は自分と夫とのあいだに何かしら一つの幕を、何か一つの障害物を感じていた。二人の人間が決して魂までは、心の奥底までは、たがいにはいりこむものではないということに、生れて初めて、気がついたのである。ならんで歩くものであり、ときどきからみ合うことはあっても決してとけ合うものではない、人間めいめいの精神的存在は永久に、一生涯孤独のままであるということに、気がついたのである。

『女の一生』杉捷夫訳、岩波文庫、一九五六年

フランスの小説家。フローベールに師事、短編小説に長じ、ゾラとともに自然主義を代表する。ブルジョア社会に苦い批判を向け、厭世的であった。『脂肪の塊』『女の一生』『ベラミ』『メゾン・テリエ』ほか。

8月6日

アドルノ 1903. 9. 11～1969. 8. 6

文化批判は、文化と野蛮の弁証法の最終幕に直面している。アウシュヴィッツのあとでは詩を書くことは野蛮である。しかもこのことが、なぜ今日では詩を書くことが不可能になってしまったのかを教える認識をさえ蝕《むしば》んでいるのだ。精神の進歩をもおのれの一要素として前提するような絶対的物象化が、今やこの精神を完全に呑みこもうとしている。

『プリズメン』編者訳出

ドイツの哲学者・社会学者・美学者。現代の技術的合理性が自然支配と社会支配という二重の疎外を惹起していることを批判し、独自のユートピア意識のもとに理性の復権を目指す。『否定弁証法』ほか。

ソポクレス　前497〜前405頃　8月7日

生まれて来ないのが何よりもましだ。が、この世に出て来てしまった以上はもとのところに、なるべく早く帰ったほうが、それに次いで、ずっとましだ。

『コローノスのオイディプース』引地正俊訳（『ギリシア悲劇全集』3、岩波書店、一九九〇年）

古代ギリシア三大悲劇詩人の一人。アテナイの全盛期に活躍。古典悲劇の最高の完成者といわれる。『オイディプース王』『アンティゴネー』『エレクトラ』などの作七編が現存。

世阿弥 1363頃〜1443頃

秘すれば花なり、秘せずば花なるべからず、となり。この分《わ》け目《め》を知る事、肝要《かんよう》の花なり。そも〱、一切の事《じ》、諸道芸《しょどうげい》において、その家々に秘事と申すは、秘するによりて大用《たいよう》あるが故《ゆえ》なり。しかれば、秘事といふことを顕《あら》はせば、させる事にてもなきものなり。これをさせる事にてもなしと云《い》ふ人は、未《いま》だ、秘事と云ふ事の大用を知らぬが故なり。

（「花伝第七別紙口伝」）

『風姿花伝』野上豊一郎・西尾実校訂、岩波文庫、一九五八年

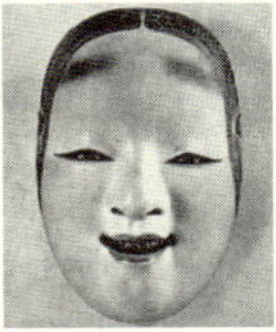

室町初期の能役者・能作者。足利義満の庇護を受け、能を優雅なものに洗練するとともに、これに芸術論の基礎を与えた。『風姿花伝』(『花伝書』とも)『申楽（さるがく）談義』などの芸論、「高砂」「井筒」「砧（きぬた）」など多くの能を残した。八月八日が忌日とされる。

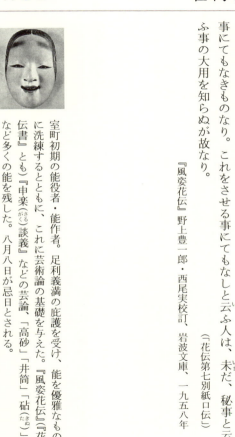

ヘッセ 1877.7.2〜1962.8.9

8月9日

僕は夜、どこかで打ちあげられる花火ほどすばらしいものはないと思うんだ。青い色や緑色に輝いている照明弾がある。それが真っ暗な空にのぼってゆく。そうしてちょうど一番美しい光を発するところで、小さな弧を描くと、消えてしまう。そうした光景を眺めていると、喜びと同時に、これもまたすぐ消え去ってしまうのだという不安に襲われる。喜悦と不安と、この二つは引き離すことができないのだ。そうしてこれは、瞬間的であってこそいっそう美しいんじゃないか。

（「クヌルプへの追憶」）

『漂泊の魂』相良守峯訳、岩波文庫、一九七三年

ドイツの作家・詩人。第一次大戦当時よりスイスに居住。平和主義者として両世界大戦に反対。小説『郷愁』『車輪の下』『デミアン』『シッダルタ』などのほか、多くの抒情詩がある。ノーベル賞受賞。

寺田寅彦 1878.11.28〜1935.12.31

私は猫《ねこ》に対して感ずるような純粋なあたたかい愛情を人間に対していだく事のできないのを残念に思う。そういう事が可能になるためには私は人間より一段高い存在になる必要があるかもしれない。それはとてもできそうもないし、かりにそれができたとした時に私はおそらく超人の孤独と悲哀を感じなければなるまい。凡人の私はやはり子猫でもかわいがって、そして人間は人間として尊敬し親しみ恐れはばかりあるいは憎むよりほかはないかもしれない。

（「子猫」）

『寺田寅彦随筆集』第二巻、小宮豊隆編、岩波文庫、一九六四年

物理学を専門としながら、子規・漱石の影響を受けて、日常の見聞を吟味する眼と感性のあいまった随筆を多く残した。筆名、吉村冬彦。俳号、藪柑子（やぶこうじ）。『冬彦集』『藪柑子集』ほか。

ベートーヴェン　1770. 12. 16〜1827. 3. 26　8月11日

——愛するベッティーネ、最も愛する乙女よ！　——芸術！　——誰がそれを理解するでしょうか。この偉大なる女神について誰と語ることができるでしょうか——————！　わたしたちが一緒に喋《しゃべ》り合った、と言うより筆談し合ったあの数日がどんなにわたしに楽しかったでしょう。あなたの才気あふれる、愛らしい、魅力ある答が書かれた小さな紙片は皆取って置いてあります。ですからあの束の間の対話の一番良い所が書き残されたのも、この悪い耳のお陰と喜んでいます。

（ベッティーナ・ブレンターノ宛、一八一〇年八月一一日）

『ベートーヴェンの手紙』(上)、小松雄一郎編訳、岩波文庫、一九八二年

ドイツの作曲家。古典派の終末期に出て、ロマン派音楽の先駆となり、数々の不朽の名作を残した。晩年は聴力を失いながらも深い境地に到達した。

8月12日　トーマス・マン　1875. 6. 6. ～ 1955. 8. 12

元気で行くがいい——生きて帰るにしても、戦場の露と消えるにしても！　きみの見通しは暗い。……率直に言って、きみが生還するかどうかという問題は考えないようにして、答えずにおこうと思っている。きみの単純さを上昇させた肉体と精神の冒険は、肉の領域では生きて帰れない世界を、精神の領域で探訪させた。きみは瞑想に耽《ふけ》りながら、死と肉の放縦《ほうじゅう》のなかから愛の夢が予感に満ちて誕生してくる瞬間を経験した。この世界を覆う死の祝祭のなかからも、雨に煙る夕《ゆうべ》の空を一面に焦がすこの陰惨な狂熱のなかからも、いつの日か愛の生れてくるときがあるだろうか。

『魔の山』圓子修平訳（『世界文学全集』第六八巻、集英社、一九八〇年）

ドイツの小説家。ナチス時代アメリカに亡命し、戦後はスイスに移住。ヒューマニズムの立場から民主主義擁護の姿勢を貫く。『ブッデンブローク家の人々』『魔の山』『ファウストゥス博士』『トニオ・クレエゲル』『ヴェニスに死す』ほか。ノーベル賞受賞。

ヘミングウェイ 1899. 7. 21〜1961. 7. 2

闘牛場の中央で、ロメロは牛の正面で半身になり、ムレータのあいだから剣をひきだし、爪先《つまさき》で立って、長い刃に沿って狙《ねら》いをつけた。ロメロが攻めると牛も襲いかかってきた。ロメロの左手にあるムレータが、相手の目をくらますために牛の鼻先へたれさがると、左肩がぐいと牛の角のあいだに傾いて、剣が牛の肩口に突き刺さった。一瞬、彼と牛とは一体となった。

『日はまた昇る』大久保康雄訳、新潮文庫、一九五五年

アメリカの小説家。「ロスト・ジェネレーション」の代表者とされ、ハードボイルド文学の先駆者。『日はまた昇る』『武器よさらば』『誰がために鐘は鳴る』『老人と海』ほか。ノーベル賞受賞。

8月14日

ゴーガン 1848. 6. 7〜1903. 5. 8

タヒチでは、太陽の光線が、男女両性へ同じように光を投げかけるように、森や海の空気が、皆の肺臓を強健にし、肩や腰を大きくし、ひいては海浜の砂までも大きくするのである。女は、男と同じ仕事をやる。男は女に対して無頓着である。――だから、女には、男性的なところがあり、男には、女性的なところがある。

『ノア・ノア　タヒチ紀行』前川堅市訳、岩波文庫、一九六〇年

フランス後期印象派の画家。三五歳のとき、株式仲買人をやめ、画家を志した。輪郭線のある平面的な彩色を用いる。晩年タヒチに移住し、ポリネシアの自然と女をモチーフに描き続けた。作「黄色いキリスト」「タヒチの女」ほか。

ナポレオン 1769. 8. 15～1821. 5. 5　8月15日

一つのすぐれた力が私を私の知らない一つの目的へと駆り立てる。その目的が達せられない限り、私は不死身であり、堅《けん》忍《にん》不《ふ》抜《ばつ》であろう。しかし私がその目的にとって必要でなくなるや否や、たった一匹の蠅でも私を倒すに充分であろう。

オクターヴ・オブリ編『ナポレオン言行録』大塚幸男訳、岩波文庫、一九八三年

フランスの皇帝。フランス革命後、クーデターで統領政府を樹立、帝位についた。しかし、周辺諸国の連合軍に敗れ、エルバ島に流される。脱出し帝位に復したが、ワーテルローの戦いに敗れ、セントヘレナ島に流されて没。法典の編纂など、フランスの近代化に尽した。

ツワイク 1881. 11. 28～1942. 2. 23

およそ偉人英雄はただ存在するということだけによって、数十年数世紀にわたってわれわれの精神生活を支配していることは疑いをいれないところだが、しかしそれは精神生活だけのことである。現実の生活、実際生活においては、政治という権力がものを言う世界においては――そしてこのことは、あらゆる政治的軽信をいましめるために特に強調しなければならぬ点だが――すぐれた人物、純粋な観念の持主が、決定的な役割を演ずることはまれであって、はるかに価値は劣るが、しかしさばくことのより巧みな種類の人間、すなわち黒幕の人物が決定権を握っているのである。

『ジョゼフ・フーシェ　ある政治的人間の肖像』高橋禎二・秋山英夫訳、岩波文庫、一九七九年

オーストリアのユダヤ系作家。平和主義者としてすぐれた人物評論・短編小説・回想記などを遺す。ナチスに追われ、ブラジル亡命中に自殺。『マリー・アントワネット』『ジョゼフ・フーシェ』『昨日の世界』など。

河上肇 1879. 10. 20〜1946. 1. 30

8月17日

敵よりも恐ろしからむ食ひ物のけふこのごろのこのともしさは

人も我もただ食ひ物のこと思ひ日を過ごしゆく囚人のごと

この頃、食物がひどく不自由になって、好物の菓物が食べられないのは勿論のこと、味噌汁も毎朝食べることが出来ず、三度三度の飯すら、いくら外米《がいまい》が混っていても麦が混っていてもいいと思うけれど、やはり腹一杯はとても食べられず、一日中食い足らぬ気がしているので、私のような用なしの老人は、坐っていると思うともなく食べ物のことばかり思うようになっている。

(「獄中の食物」)

『自叙伝』(五)、杉原四郎・一海知義編、岩波文庫、一九九七年

経済学者。山口県生れ。京大教授。マルクス主義経済学研究・啓蒙の先駆者であり、労働農民党・日本共産党の活動にも従事。一九三三―三七年、入獄。『資本論入門』『貧乏物語』『自叙伝』など。

8月18日

土岐善麿《ときぜんまろ》 1885. 6. 8〜1980. 4. 15

鉄かぶと鍋に鋳直《いなお》したく粥《かゆ》のふつふつ湧ける朝のしづけさ
あなたは勝つものとおもつてゐましたかと老いたる妻のさびしげにいふ
焼はらに茂りおひそふ夏草のちからをたのみ生きゆかむとす

『夏草』新興出版社、一九四六年

歌人。ローマ字三行書きの処女歌集『NAKIWARAI』により石川啄木と親交を結んだ。作歌のかたわら、ローマ字運動やエスペラントの普及、国語審議会会長など、広汎な社会的活動も行なった。歌集のほかに、評伝『田安宗武』。

ガルシア＝ロルカ 1898〜1936. 8. 19　　8月19日

はるか下の方で川が歌う
川は空と木の葉のすそ飾り。
新しい光は
南瓜《かぼちゃ》の花の冠を戴く。
おお、ジプシーたちの悲しみよ！
清らかな、いつも孤独の悲しみ。
おお、隠れた河床と
はるかな夜明けの悲しみよ！

（「黒い悲しみのロマンセ」）

『ジプシー歌集』会田由訳、平凡社ライブラリー、一九九四年

スペインの詩人・劇作家。演劇に詩・音楽・造形美術を導入した。内戦勃発直後、フランコ側に射殺された。詩集『ジプシー歌集』、戯曲『血の婚礼』『イェルマ』『ベルナルダ＝アルバの家』など。

8月20日　フィリパ・ピアス　1920. 1. 23〜2006. 12. 21

「おばあさんがここへきて住むようになってから、ときどき時間のなかをあともどりしたでしょう？」

「時間のなかをあともどりした？」

「つまり、過去――むかしへあともどりしたでしょう？」

「トム。あんたがわたしぐらいの年になればね、むかしのなかに生きるようになるものさ。むかしを思いだし、むかしの夢をみてね。」

トムはうなずいた。庭園では、なぜいつもあんなにいい天気ばかりつづいたのか、「時間」がときどきずっとさきの方へすっとんでいったかと思うと、またあとへもどったりしたのか、それでわかった。おばあさんが夢のなかでどの時期をえらんだかということに関係があったのだ。


『トムは真夜中の庭で』高杉一郎訳、岩波書店、一九六七年

イギリスの児童文学作家。英国放送協会（ＢＢＣ）の学校放送担当や出版社の編集者などを経験。『ハヤ号セイ川をいく』でデビュー。『トムは真夜中の庭で』でカーネギー賞受賞。

トロツキー 1879. 10. 26〜1940. 8. 21　8月21日

私は、歴史の潮の満ち干《ひ》がどのようなものであるかを実体験から十二分に知っている。それは、それ自身の法則に従っている。いらいらするだけでは、この満ち干の交替を早めることはできない。私は歴史の展望というものを個人的な運命の見地から見ないことにしている。生起していることの法則性を認識し、この法則の中に自分の場所を見出すこと——これが革命家の第一の義務である。

『トロツキー　わが生涯』(上)、森田成也訳、岩波文庫、二〇〇〇年

ロシアの革命家。ソビエト政府成立後、外務・陸海軍人民委員を歴任したが、世界革命論を唱えてスターリンの一国社会主義論に敗れ、亡命地メキシコで暗殺される。『ロシア革命史』のほか、『自伝』がある。

8月22日　ツルゲーネフ　1818. 10. 28〜1883. 8. 22

君はぼくのいまやっているところを見ているだろう。かばんのなかにすきまができたから、そこへ乾草をつめているんだ。ぼくらの人生のかばんもそんなものだよ。すきまがないように、なんでもいいからつめこまなければならないんだ。

『父と子』金子幸彦訳、岩波文庫、一九五九年

ロシアの小説家。人道主義の立場から社会の重要な問題をとりあげた。詩的感受性に富む抒情的な作品にもすぐれる。『父と子』『初恋』『ルージン』ほか。

三好達治 1900. 8. 23〜 1964. 4. 5

8月23日

わが名をよびてたまはれ
いとけなき日のよび名もてわが名をよびてたまはれ
あはれいまひとたびわがいとけなき日の名をよびてたまはれ
風のふく日のとほくよりわが名をよびてたまはれ
庭のかたへに茶の花のさきのこる日の
ちらちらと雪のふる日のとほくよりわが名をよびてたまはれ
よびてたまはれ
わが名をよびてたまはれ

（「わが名をよびて」）

『三好達治詩集』桑原武夫・大槻鉄男選、岩波文庫、一九七一年

詩人。大阪市生れ。『詩と詩論』の新詩運動に参加、のち堀辰雄らと『四季』を創刊。知性と感性の調和した抒情詩を完成した。詩集『測量船』『一点鐘』、随筆集『路傍の秋』など。

8月24日

シモーヌ・ヴェイユ

1909. 2. 3〜
1943. 8. 24

根をもつこと、それはおそらく人間の魂のもっとも重要な欲求であると同時に、もっとも無視されている欲求である。また、もっとも定義のむずかしい欲求のひとつでもある。人間は、過去のある種の富や未来へのある種の予感を生き生きといだいて存続する集団に、自然なかたちで参与することで、根をもつ。

『根をもつこと』(上)、冨原眞弓訳、岩波文庫、二〇一〇年

フランスの思想家。工場労働やスペイン内戦への参加など社会的実践を積み、のちにカトリック神秘主義に到達した。『重力と恩寵』など。

幸田露伴 1867.7.23〜 1947.7.30

8月25日

身には疾《やまい》あり、胸には愁《うれい》あり、悪因縁は逐《お》へども去らず、未来に楽しき到着点の認めらるゝなく、目前に痛き刺激物あり、慾あれども銭なく、望みあれども縁遠し、よし突貫して此《この》逆境を出でんと決したり。五六枚の衣を売り、一行李《ひとこうり》の書を典し、我を愛する人二三にのみ別《わかれ》をつげて忽然《こつぜん》出発す。時まさに明治二十年八月二十五日午前九時なり。

（「突貫紀行」）

＊典し　質入れして。

『露伴全集』第一四巻、岩波書店、一九五一年

小説家。江戸下谷生れ。理想主義的傾向をもつ擬古典派に属し、尾崎紅葉と並び称された。のち、深い学殖を生かして主に史伝・考証を発表、また、随筆風の小品もよくした。『風流仏』『五重塔』『評釈芭蕉七部集』ほか。引用は、文学を志して電信技手をやめ、任地余市を去るときの心境を述べたもの。

8月26日

正宗白鳥 1879. 3. 3〜1962. 10. 28

ダンテは実生活においてはゼンマという女を妻としていたのであったが、ボッカチオの伝うる所によると、ゼンマは猜疑《さいぎ》深くって、ダンテは妻の前では溜息一つ自由にできなかったくらいで、結婚後は良友との交際をも断つようになったそうである。

（「ダンテについて」）

『新編 作家論』高橋英夫編、岩波文庫、二〇〇二年

小説家・劇作家・評論家。岡山県生まれ。生え抜きの自然主義者として、懐疑的な人生観にもとづく独自の作風をもちつづけた。大正期以降は戯曲も書き、また辛辣率直な批評で知られる。小説『何処へ』『微光』『入江のほとり』、戯曲『人生の幸福』、評論『作家論』などがある。

宮沢賢治 1896. 8. 27〜1933. 9. 21　8月27日

まことのことばはうしなはれ
　雲はちぎれてそらをとぶ
ああかがやきの四月の底を
はぎしり燃えてゆききする
おれはひとりの修羅なのだ

（「春と修羅」）

『宮沢賢治詩集』谷川徹三編、岩波文庫、一九五〇年

詩人・童話作家。岩手県花巻生れ。盛岡高農卒。早く『法華経』の教えに帰依し、農業研究者・農村指導者として献身。詩「春と修羅」「雨ニモマケズ」、童話「銀河鉄道の夜」「風の又三郎」など。

8月28日　キング牧師　1929. 1. 15〜1968. 4. 4

私には夢がある。いつの日か、ジョージアの赤い丘で、元奴隷の息子と元奴隷所有者の息子が、兄弟愛の同じ食卓につくのです。……私には夢がある。私の四人の子供たちがいつの日か、肌の色ではなく、人格の中身によって判断される国家に住むようになるのです。

（一九六三年八月二八日、ワシントン大行進、リンカーン記念堂前での演説）

『アメリカの黒人演説集』荒このみ編訳、岩波文庫、二〇〇八年

I have a dream that one day on the red hills of Georgia the sons of former slaves and the sons of former slave owners will be able to sit down together at the table of brotherhood...
I have a dream that my four little children will one day live in a nation where they will not be judged by the colour of their skin but by the content of their character.

アメリカの牧師。黒人解放運動家。アメリカ公民権運動の指導者として、つねに非暴力抵抗運動の先頭に立って闘い、一九六八年四月四日、志半ばで凶弾に倒れた。六四年、ノーベル平和賞を受賞。

ジョン・ロック 1632. 8. 29～1704. 10. 28　8月29日

航海する者が自分のもつなわの長さを知ることは、それで大洋の深さをすべて測れなくとも、たいへん役に立つ。航海を導いて、難破の恐れのある浅瀬に乗り上げないよう用心させる必要のある場所で、じゅうぶん底へとどく長さがあると知っていれば、よいのである。この世での私たちの務めは、なんでも知り尽すことでなく、私たちの行為にかかわりあるものを知ることである。

『人間知性論』㈠、大槻春彦訳、岩波文庫、一九七二年

イギリスの哲学者・政治思想家。経験論の代表者。政府は各個人の自然権を守るために人々の合意により設立されたもので、その改廃は国民の手中にあると説いて、フランス革命・アメリカ独立に大きな影響を与えた。『人間知性論』ほか。

8月30日　シュリーマン　1822. 1. 6〜1890. 12. 26

たえがたい暑さであった。私の寒暖計は摂氏五二度を示していた。私は焼けつくような渇《かわ》きをおぼえたが、水も酒ももっていなかった。しかしオディッセウスの宮殿の遺跡にいるのであったから、私はわが身のなかに感じる大きな感激のために暑さも渇きも忘れていた。私は地形をしらべたり、オディッセイアの詩をひらいてこの場所を舞台にした感激的な場面の描写を読んだり、また八日前にシシリアのエトナの山頂から楽しんだものにおとらぬ、眼前の四方にひろげられたすばらしい展望に驚嘆したりした。

『古代への情熱』村田数之亮訳、岩波文庫、一九七六年

ドイツの考古学者。トロイアの遺跡をはじめ、ミュケナイ、ティリンスなどエーゲ文明の遺跡の発見・発掘に貢献した。『古代への情熱』はその自叙伝。

マーガレット・ミード 1901. 12. 16〜 1978. 11. 15　8月31日

サモア、ツツイラ島パゴパゴ

一九二五年八月三十一日

今朝、夜明けに港に入りました。今朝は雲の多い夜明けで、太陽は陰うつそうにほんの少し現われたにすぎず、われわれが「南海で陸にかこまれた唯一の港」に入ってきたとき、きり立った黒い崖が迫る海岸に打寄せる波が白く映えていました。この港はかつては火山の噴火口であったとかで、周囲は垂直にそそりたっています。海までぎっしり木が生えており、狭い海辺沿いに椰子《やし》の木が縁どっています。

『フィールドからの手紙』畑中幸子訳、岩波書店、一九八四年

アメリカの文化人類学者。南太平洋でフィールドワークに従事。ルース・ベネディクトの弟子。文化がパーソナリティー形成に及ぼす影響を分析。『サモアの思春期』『男性と女性』など。

9　月

モーリアック 1885. 10. 11〜 1970. 9. 1

9月1日

私は自分の罪を感じ、みまもり、触って見た。私の罪は、全部が全部、子供への憎悪、復讐の願い、金への執著という、あの蝮《まむし》の醜い巣から生れたものばかりとは言えない。このからみあった蝮の彼方《かなた》にあるものを探求する努力を惜んだことに由来する罪もあった。この穢《けが》らわしいからみあいが、私の心そのものででもあるかのように、また、この心臓の鼓動が、爬虫類《はちゅうるい》の蠢《うごめ》きと入り乱れてでもいるかのように、私はこの穢らわしい蝮にばかりこだわっていた。

『蝮のからみあい』鈴木健郎訳、新潮文庫、一九五二年

フランスのカトリック作家。精密な心理的手法で霊肉の相克に悩む人間の暗い内面を描き、その地獄のような姿を通じて神の恩寵を暗示。『テレーズ・デケールー』『蝮のからみあい』など。ノーベル賞受賞。

9月2日　ヴァーツラフ・ハヴェル　1936. 10. 5～2011. 12. 18

たしかに、ある意味では、知識人とは、もともといつでも、戦う前からすでに敗北しているもの、いわば、永遠なる敗北を宣告されたシジフォスのごときものであり、勝利している知識人なんぞというものがうさんくさいのです。ところがまた一方では、べつの、もっと深い意味において、知識人は、自己のあらゆる敗北にもかかわらず敗北しないでいる――シジフォスのように――とも思います。まさに自己の敗北によって勝利するのです。

『ハヴェル自伝　抵抗の半生』佐々木和子訳、岩波書店、一九九一年

プラハ生れの劇作家・政治家。作品が反体制的と判断され投獄されたが、共産党政権の崩壊後、直接民衆投票で大統領に選ばれる。一九九三―二〇〇三年、チェコ共和国大統領。

折口信夫《おりくちしのぶ》 1887.2.11〜1953.9.3

9月3日

二上山。ああこの山を仰ぐ、言い知らぬ胸騒ぎ。――藤原・飛鳥の里々山々を眺めて覚えた、今の先の心とは、すっかり違った胸の悸《ときめ》き。旅の郎女《いらつめ》は、脇目も触らず、山に見入っている。そうして、静かな思いの充《み》ちて来る満悦を、深く覚えた。昔びとは、確実な表現を知らぬ。だが謂《い》わば、――平野の里に感じた喜びは、過去生《かこしょう》に向けてのものであり、今此《この》山を仰ぎ見ての驚きは、未来世《みらいせ》を思う心躍《こころおど》りだ、とも謂えよう。

（『死者の書』）

『死者の書・口ぶえ』岩波文庫、二〇一〇年

国文学者・歌人。国学院大学・慶大教授。民俗学を国文学に導入して新境地を開いた。歌人としては釈迢空（しゃくちょうくう）の名で知られる。主著『古代研究』、歌集『海山のあひだ』『春のことぶれ』、詩集『古代感愛集』。『死者の書』は、古代人の生活や心情を鮮やかに描いた詩的小説。

田中正造 1841. 11. 3〜 1913. 9. 4

夫《そ》れ山に入りて仙となるも、世に何の益かあらん。社会紛擾《ふんじょう》の中にあり、若《も》くは争闘苦戦の中に立ちながらに、即ちキルが如く、ミガクが如く、トグが如くして、此《この》苦中にあって仙と化するを得ば、自然社会にも益あらんと存《ぞんじ》候《そうろう》。之《これ》は即ち浅学なる不肖《ふしょう》目下の信仰にて候。

（一九一〇年六月六日付、木下尚江宛）

『田中正造全集』第一九巻、書簡(補遺)、岩波書店、一九八〇年

政治家。栃木県生れ。自由民権運動に参加。一八九〇年以来衆議院議員に当選。足尾銅山の鉱毒問題解決に尽力、一九〇一年、天皇に直訴。以後も終生鉱毒問題に意を用いた。

私は自分の心の中に、死にゆく人々の最後のまなざしをいつも留めています。そして私は、この世で役立たずのように見えた人々が、その最も大切な瞬間、死を迎える時に、愛されたと感じながら、この世を去ることができるためなら、何でもしたいと思っているのです。

ホセ・ルイス・ゴンザレス・バラド編『マザー・テレサ 愛と祈りのことば』渡辺和子訳、PHP研究所、一九九七年より

マザー・テレサは通称。本名はアルバニア語で、ゴンジャ・ボヤジウ。カトリック修道女。旧ユーゴスラヴィア生れ。インドのコルカタで貧者・孤児・病人の救済に献身。一九七九年、ノーベル平和賞受賞。

9月6日

フォークナー 1897. 9. 25〜1962. 7. 6

残酷で音もしない九月の太陽に照りつけられて何度となく蒸留され乾ききった外壁に、その夏二度咲きの藤の花が咲き乱れていたが、そこには、甘い、あまりにも甘い香りにむせかえる、薄暗く屍棺《ひつぎ》の臭いのする木蔭があって、そこへ時折、雀が雲みたいに群れてやって来ては、少年がしなやかな棒きれを遊びがてら打ち鳴らす時のような大きな音をたてて羽ばたいていた……

『アブサロム、アブサロム!』(上)、藤平育子訳、岩波文庫、二〇一一年

アメリカの小説家。アメリカ南部の諸問題をめぐる悲劇と宿命を実験的手法で小説化した。『サンクチュアリ』『八月の光』『アブサロム、アブサロム!』ほか。ノーベル賞受賞。

泉鏡花 1873.11.4〜 1939.9.7

9月7日

うっとりするまで、眼前《まのあたり》真黄色な中に、機織《はたおり》の姿の美しく宿った時、若い婦女《おんな》の衝《つ》と投げた梭《おさ》の尖《さき》から、ひらりと燃えて、いま一人の足下《あしもと》を閃《ひらめ》いて、輪になって一《ひと》ツ刎《は》ねた、朱《しゅ》に金色《こんじき》を帯びた一条《いちじょう》の線があって、赫燿《かくよう》として眼《まなこ》を射て、流《ながれ》のふちなる草に飛んだが、火の消ゆるが如くやがて失せた。
赤棟蛇《やまかがし》が、菜種《なたね》の中を輝いて通ったのである。

（『春昼』）

『春昼・春昼後刻』岩波文庫、一九八七年

小説家・劇作家。金沢生れ。明治・大正・昭和を通じてロマン主義文学に独自の境地を開いた。作『夜行巡査』『高野聖』『歌行灯（うたあんどん）』『草迷宮』『春昼』『婦系図（おんなけいず）』ほか。

9月8日

湯川秀樹 1907. 1. 23～1981. 9. 8

ユークリッド幾何《きか》を習いはじめると、直《す》ぐその魅力のとりことなった。数学、ことにユークリッド幾何の持つ明晰《めいせき》さと単純さ、透徹した論理――そんなものが、私をひきつけたのであろう。

しかし何よりも私をよろこばしたのは、むずかしそうな問題が、自分一人の力で解けるということであった。幾何学によって、私は考えることの喜びを教えられたのである。何時間かかっても解けないような問題に出会うと、ファイトがわいてくる。夢中になる。夕食に呼ばれても、母の声は耳に入らない。苦心惨憺《さんたん》の後に、問題を解くヒントがわかった時の喜びは、私に生きがいを感じさせた。

『旅人 ある物理学者の回想』角川文庫、一九六〇年

理論物理学者。東京生れ。京大卒、同教授。中間子の存在を予言し、素粒子論展開の契機を作った。核兵器を絶対悪と見なし、国内外の平和運動に貢献。ノーベル賞受賞。『素粒子』『現代科学と人間』など。

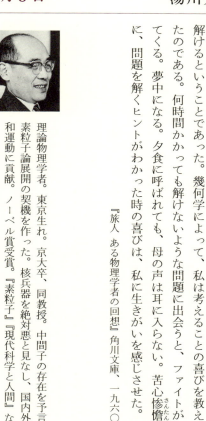

マラルメ　1842. 3. 18〜1898. 9. 9　9月9日

肉体は悲しい、ああ、読んだぞ　わたしは、万巻の書を。
遁《のが》れ去る！　彼方へと遁れる！　その海に　百千《ももち》鳥《どり》の　酔う
様《さま》は、砕け散る　見知らぬ波と、天空の　あわいに懸かり！
引き止めはせぬ、もはや何も、眼《まなこ》に映る　見慣れた庭、
それさえも　引き止めはせぬ、海に心が　浸るのを。
夜に夜を重ねて、我が灯火の　人気《ひとけ》なき不毛の明りも
白々《しらじら》と拒む　虚ろな紙を　照らしつつ、いや
乳飲み子に　乳含ませる　若き妻にも　できはせぬ。

（「海のそよ風」）

『マラルメ詩集』渡辺守章訳、岩波文庫、二〇一四年

フランスの詩人。フランス象徴派の代表的存在。ことばの可能性に対する徹底的な追求から生み出した精妙で難解な作品は、次代に多大の影響を及ぼした。『半獣神の午後』『エロディアード』など。

9月10日

藤原定家　1162〜1241. 8. 20

九月　世上の乱逆・追討、耳に満つと雖《いえど》も、これを注《しる》さず。紅旗《こうき》・征戎《せいじゅう》は、吾事《わがこと》にあらず。

（治承四年条）

『明月記』編者校訂

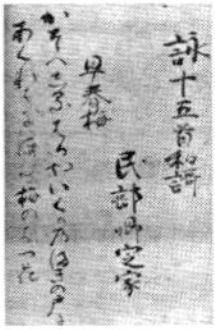

鎌倉前期の歌人。『新古今集』を撰。歌風は絢爛・巧緻で、新古今調の代表歌人。家集『拾遺愚草』のほか歌論書『近代秀歌』『詠歌之大概』など、日記に『明月記』がある。書は定家流と呼ばれ、江戸の茶人に珍重された。

リルケ 1875. 12. 4〜1926. 12. 29　9月11日

僕はきょうまで、だれもがいくつもの顔を持ち合わせていることに気がつかなかった。何億という人間が生きているが、顔はそれよりもたくさんにある。だれもがいくつもの顔を持っているからである。

（「トゥリエ街」九月一一日）

『マルテの手記』望月市恵訳、岩波文庫、一九七三年

オーストリアの詩人。チェコ生れ。ヨーロッパ諸国を旅し、パリではロダンの秘書をした。詩集『形象詩集』『ドゥイーノの悲歌』などのほか、小説『マルテの手記』。

9月12日

モンテーニュ

1533. 2. 28〜
1592. 9. 13

若者は自分の気力を呼び覚ますために、そしてそれを黴《か》びさせ、臆病にさせないために、自分の規則をゆすぶらなければならない。規則と規律ずくめで引き廻される生活ほどばかげた、弱いものはない。

私の言うことを真に受けるなら、ときどきは極端に走るがよい。さもないと、ちょっとした道楽にも身を滅ぼし、人とのつきあいにも扱いにくい不快な人間になる。

『エセー』㈢、原二郎訳、岩波文庫、一九六六年

フランス・ルネサンス期の思想家。モラリストの代表者。古今にわたる広い読書体験と鋭利な自己省察に基づいて、人間性に深い洞察を加え、後代の知識人に大きな影響を与えた。『エセー』ほか。

棟方志功 1903.9.5〜1975.9.13

9月13日

「ようし、日本のゴッホになる」「ヨーシ、ゴッホになる」――その頃のわたくしは油絵ということとゴッホということを、いっしょくたに考えていたようです。わたくしは、何としてもゴッホになりたいと思いました。プルッシャンブルーで描かれたゴッホのひまわり、ぐるぐるして目の廻るような、輝きつづく、あんなひまわりの絵が描きたかったのです。わたくしは描きに描きました。指で描いたり筆で描いたり、チューブのまま絵具を三本も四本もしぼり出しながら、蛇がのたうちまわるように描きました。何もかもわからず、やたら滅法に描いたのでした。

『板極道』中公文庫、一九七六年

版画家。青森市生れ。土俗的ともいえる奔放な作風の「板画」(棟方の用字)は、国際的にも評価が高い。文化勲章受章。代表作に「大和し美し」「釈迦十大弟子」など。『板極道』ほか。

ダンテ 1265.5.30〜1321.9.14

我を過ぐれば憂ひの都あり、我を過ぐれば永遠《とこしへ》の苦患《なやみ》あり、我を過ぐれば滅亡《ほろび》の民あり
義は尊きわが造り主《ぬし》を動かし、聖なる威力《ちから》、比類《たぐひ》なき智慧、第一の愛我を造れり
永遠の物のほか物として我よりさきに造られしはなし、しかしてわれ永遠に立つ、
汝等こゝに入るもの一切の望みを棄てよ

（第三歌）

『神曲 地獄』山川丙三郎訳、岩波文庫、一九五二年

イタリアの詩人。中世と近世との分水嶺に位置する。フィレンツェの人。政治活動に加わり市共和国の六統領の一人となったが追放され、半生を放浪しながら文学に精進した。宗教的叙事詩『神曲』のほか、『新生』『饗宴』など。

ラ・ロシュフーコー 1613. 9. 15〜 1680. 3. 17　9月15日

われわれは皆、他人の不幸には充分耐えられるだけの強さを持っている。

＊

われわれの美徳は、ほとんどの場合、偽装した悪徳に過ぎない。

＊

人は決して今思っているほど不幸でもなく、かつて願っていたほど幸福でもない。

＊

われわれは、自分と同じ意見の人以外は、ほとんど誰のことも良識のある人とは思わない。

『ラ・ロシュフコー箴言集』二宮フサ訳、岩波文庫、一九八九年

フランスのモラリスト。公爵。フロンドの乱に加わる。一切を偽善と利己に帰する厭世的な考えだが、鋭い人間心理の分析を簡潔な言葉で表した『箴言（しんげん）集』で名高い。

9月16日

吉田兼好 1283頃〜1352以降

花はさかりに、月はくまなきをのみ、見《み》る物かは。雨に向《む》かひて月を恋《こ》ひ、垂《た》れこめて春の行方《ゆくえ》も知《し》らぬも、猶《なお》あはれに、なさけ深《ふか》し。咲《さ》きぬべきほどの木末《こずえ》、散《ち》りしほれたる庭などこそ、見どころ多けれ。

（第百三十七段）

『徒然草』久保田淳校注（『方丈記　徒然草』『新日本古典文学大系』39、岩波書店、一九八九年）

鎌倉末期の歌人。後二条天皇に仕えたが、天皇の崩御後、出家・遁世。歌道に志して二条為世の門に入り、二条派の四天王の一とされた。四八、九歳のころ著した『徒然草』は日本の随筆文学を代表する著作。

ルース・ベネディクト 1887. 6. 5〜1948. 9. 17　9月17日

刀も菊も共に一つの絵の部分である。日本人は最高度に、喧嘩好きであると共におとなしく、軍国主義的であると共に耽美的であり、不遜《ふそん》であると共に礼儀正しく、頑固であると共に順応性に富み、従順であると共にうるさくこづき回されることを憤《いきどお》り、忠実であると共に不忠実であり、勇敢であると共に臆病であり、保守的であると共に新しいものを喜んで迎え入れる。彼らは自分の行動を他人がどう思うだろうか、ということを恐ろしく気にかけると同時に、他人に自分の不行《ふぎょう》跡《せき》が知られない時には罪の誘惑に負かされる。

『定訳　菊と刀』長谷川松治訳、現代教養文庫、社会思想社、一九六七年

アメリカの文化人類学者。文化とパーソナリティー研究の基礎を築く。主著『文化の型』。日本文化の研究書として名高い『菊と刀――日本の文化の型』は、日本人は他人の判断を基準として行動し、日本文化の基調は恥にあると説いている。

9月18日　ハマーショルド 1905. 7. 29〜1961. 9. 18

私が求めているのは不条理なこと——生に意味があってほしい、ということ。私の闘っているのは不可能なこと——私の生を意味あるものにしようとすること。

『道しるべ』鵜飼信成訳、みすず書房、一九九九年

スウェーデンの経済学者・政治家。第二代国連事務総長。中東の動乱に際して活躍。内戦調停のためコンゴへ向かう途中で飛行機事故死。死後、ノーベル平和賞受賞。『道しるべ』は日記形式の回想録。

正岡子規 1867. 9. 17〜1902. 9. 19　　9月19日

律は看護婦であると同時にお三《さん》どんなり。お三どんであると同時に一家の整理役なり。一家の整理役であると同時に余の秘書なり。書籍の出納《すいとう》原稿の浄書も不完全ながら為《な》し居《お》るなり。しかして彼は看護婦が請求するだけの看護料の十分の一だも費《ついや》さざるなり。野菜にても香《こう》の物にても何にても一品あらば彼の食事はをはるなり。肉や肴《さかな》を買ふて自己の食料となさんなどとは夢にも思はざるが如し。もし一日にても彼なくば一家の車はその運転をとめると同時に余は殆《ほと》んど生きて居られざるなり。故に余は自分の病気が如何《いか》やうに募《つの》るとも厭はずただ彼に病《やまい》なきことを祈れり。彼あり余の病は如何《いかん》ともすべし。もし彼病まんか彼も余も一家もにつちもさつちも行かぬこととなるなり。故に余は常に彼に病あらんよりは余に死あらんことを望めり。

『仰臥漫録』岩波文庫、一九八三年

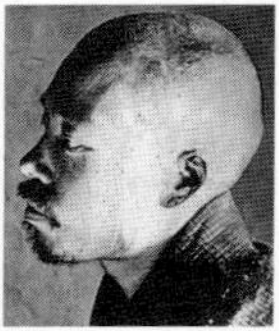

俳人・歌人。松山市の人。雑誌『ホトトギス』によって写生俳句・写生文を提唱、また『歌よみに与ふる書』を発表して短歌革新を試みた。卓抜な随筆を数多く残す。『仰臥漫録』『墨汁一滴』『病牀六尺』『飯待つ間』『俳諧大要』ほか。引用中の「律」は子規の妹。

チャペック 1890. 1. 9～1938. 12. 25

ふと私は、チェスの手なんてどれもみな古くて、誰かが前にやったもののような気がした。われわれの歴史だって、いつか、誰かによって演じられたものなのかもしれない。そしてわれわれは、その時と同じような敗北に向かって、同じような手で、コマを進めているのかもしれないのである。

『山椒魚戦争』栗栖継訳、岩波文庫、一九七八年

チェコの劇作家・小説家。人間が自らの技術開発の結果として滅亡する可能性を警告。「ロボット」という新語を生んだ諷刺劇『R・U・R(ロッサムの万能ロボット)』で名声を得た。『山椒魚戦争』『園芸家十二カ月』ほか。

シヨーペンハウアー 1788. 2. 22〜1860. 9. 21　9月21日

人間の力で考えられることは、いついかなる時でも、明瞭平明な言葉、曖昧さをおよそ断ち切った言葉で表現される。難解不明、もつれて曖昧な文体で文章を組み立てる連中は、自分が何を主張しようとしているかをまったく知らないと言ってよく、せいぜいある思想を求めて苦闘しながら、それを漠然《ばくぜん》と意識しているにすぎない。だが彼らはまたよく、言うべきことを何も所有していないという真実を、自分にも他人にも隠そうとする。

（「著作と文体」）

『読書について 他二編』斎藤忍随訳、岩波文庫、一九八三年

ドイツの哲学者。厭世観を思想の基調とし、カント、ヘーゲルの理性主義に対し、非理性的な「意志」を正面に打ち出した哲学を展開した。『意志と表象としての世界』『知性について』『読書について』『自殺について』など。

9月22日

ファラデー 1791. 9. 22～1867. 8. 25

皆さんは金や銀の輝くような美しさを、またルビーやダイヤモンドのような宝石が放つさらに輝かしい光を知っているでしょう。しかし、それらのどれも、炎の輝かしさ、美しさには及びません。炎ほど光るダイヤモンドがあるでしょうか。夜にダイヤモンドが光っているなら、それはその上に炎が輝いているからです。炎は闇の中でも輝きます。しかし、ダイヤモンドは自分から光を放つことはできず、炎に照らしてもらって初めて輝くのです。ロウソクは自分から光を放ち、自分のために、そしてロウソクをつくった人たちのために輝きます。

『ロウソクの科学』竹内敬人訳、岩波文庫、二〇一〇年

イギリスの化学者・物理学者。電磁誘導の法則、電気分解のファラデーの法則などを発見。電磁気現象を媒質による近接作用として、場の概念を導入、マクスウェルの電磁論の先駆をなす。『電気学の実験的研究』ほか。

夏目漱石 1867. 1. 5～1916. 12. 9　9月23日

粥《かゆ》も旨《うま》い。ビスケットも旨い。オートミールも旨い。人間食事の旨いのは幸福である。その上大事にされて、顔まで人が洗ってくれる。糞小便の世話は無論の事。これをありがたいといわずんば何をかありがたいといわんや。医師一人、看護婦二人、妻と外に男一人附添うて転地先にあるは華族様の贅沢也。

（一九一〇年九月二三日）

『漱石日記』平岡敏夫編、岩波文庫、一九九〇年

英文学者・小説家。初期の文明批評的・諷刺的作風から、次第に人間心理の描写へ移行した。鷗外とともに近代日本を代表する作家。『吾輩は猫である』『坊っちゃん』『草枕』『虞美人草』『三四郎』『それから』『門』『こころ』『明暗』ほか。引用は、修善寺で胃潰瘍療養中に大量吐血し、その後回復に向かう時期の日記。

9月24日

西郷隆盛　1827. 12. 7〜1877. 9. 24

幾たびか辛酸を歴《へ》て　志《こころざし》始めて堅し
丈夫《じょうふ》玉砕すとも甎全《せんぜん》を愧《は》づ
一家の遺事　人知るや否や
児孫の為《ため》に美田を買はず

（「偶成」）

＊甎全　いたずらに身の安全を保つこと。

編者訓注（山田済斎編『西郷南洲遺訓』岩波文庫、一九三九年による）

幕末・維新期の政治家。薩摩藩士。通称、吉之助。号は南洲。一八六八年の戊辰戦争では東征大総督の下に参謀として全軍を指揮、江戸城の無血開城を実現した。維新政府の高官であったが征韓論政変で下野。西南戦争に敗れ自刃。

魯迅　1881. 9. 25〜 1936. 10. 19　　9月25日

私も若いころは、たくさん夢を見たものである。あとではあらかた忘れてしまったが、自分でも惜しいとは思わない。思い出というものは、人を楽しませるものではあるが、時には人を寂しがらせないでもない。精神の糸に、過ぎ去った寂寞《せきばく》の時をつないでおいたとて、何になろう。私としてはむしろ、それが完全に忘れられないのが苦しいのである。

（『吶喊《とっかん》』自序）

『阿Q正伝・狂人日記 他十二篇』竹内好訳、岩波文庫、一九八一年

中国の小説家・評論家。本名、周樹人。中国近現代文学を代表する存在。日本で医学を学んだが、文学による民族性の改造を志し、創作・社会批評・海外文学紹介などに努めた。『狂人日記』『阿Q正伝』『彷徨』『野草』ほか。

T. S. エリオット

1888. 9. 26～
1965. 1. 4

詩人の精神というものは創作の用意がすっかりととのっている場合には、いつでも別々の離れた経験を合わせて一つにするが、ふつうの人間の経験はごたごたでしまりがなくてばらばらである。ふつうの人が恋をしたりスピノザを読んだりする場合、この二つの経験はたがいに何のかかわりもないし、またタイプライターの音や料理のにおいとも関係がない。だが詩人の精神の中ではこういう経験がいつも新しい全体を形成しているのだ。

（「形而上詩人」）

『文芸批評論』矢本貞幹訳、岩波文庫、一九六二年

イギリスの詩人・批評家。アメリカ生れ。宗教と伝統を重んずる。長詩「荒地」は現代詩に大きな影響を与えた。詩劇『寺院の殺人』、批評集『伝統と個人の才能』など。ノーベル賞受賞。

戸坂潤 1900.9.27〜1945.8.9

9月27日

娯楽は元来芸術性を有《も》っているのだ、そして芸術も最後まで娯楽的特色と絶縁することは出来ない。芸術の大衆性をまともに考えれば、そうあらざるを得ない。勿論娯楽はそのままで芸術にはならぬ。だが芸術への案内人であり客引きでなければならぬというのだ。だが芸術それ自身が抑々《そもそも》、生活への案内人であり客引きではなかったか。

（「娯楽論」）

『思想としての文学』（『戸坂潤全集』第四巻、勁草書房、一九六六年）

哲学者・評論家。観念論哲学からマルクス主義哲学へ転じ、唯物論研究会の指導者として活動。治安維持法による弾圧を受け獄死。『日本イデオロギー論』ほか。

9月28日

サイード

1935. 11. 1〜
2003. 9. 25

私たちは、完全に体系的なヴィジョンを有する輪郭のはっきりとした一団の追放者たちであるには、あまりにも急拵《きゅうごしら》えで過去の経験も様々なばかりか、単に憐憫《れんびん》を誘《さそ》う難民の群れであるためには、あまりにも多弁で悶着《もんちゃく》を引き起こしすぎもする。私よりも年長のある親類は、少なくとも二十五年間にも亙《わた》って私にこう言い続けてきた。「パレスチナ人とは、ひとつの病いである」と。私は彼の見解を共有するわけではないが、私たちが数々の分類を受けるという事実は、疑いなく私たちの友や敵や私たち自身に多大な困難をもたらしている。

『パレスチナとは何か』島弘之訳、岩波書店、一九九五年

パレスチナ出身のアメリカの批評家・文学研究者。「オリエンタリズム」を単にヨーロッパ人の異国趣味と見るのでなく、西洋の東洋に対する支配の様式であり、西洋の自己中心的な思考様式であるとした。『オリエンタリズム』ほか。

本居宣長 1730. 5. 7〜1801. 9. 29

9月29日

おのれ古典《いにしえぶみ》をとくに、師の説とたがへること多く、師の説のわろき事あるをば、わきまへいふこともおほかるを、いとあるまじきことゝ思ふ人おほかめれど、これすなはちわが師の心にて、つねにをしへられしは、後によき考への出来たらんには、かならずしも師の説にたがふとて、なはゞかりそとなむ、教へられし。こはいとたふときをしへにて、わが師の、よにすぐれ給へる一つ也。

＊師　賀茂真淵のこと。　なはゞかりそ　遠慮してはならない。

『玉勝間』佐竹昭広・日野龍夫校注(『本居宣長』『日本思想大系』40、岩波書店、一九七八年)

江戸中期の国学者。伊勢松坂の人。医学修業のかたわら『源氏物語』などを研究。儒仏を排して古道に帰るべきことを説き、また、「もののあはれ」の文学論を展開した。三〇年を費やして完成した『古事記伝』のほか、『玉勝間』『うひ山ぶみ』など。

9月30日

夢窓疎石《むそうそせき》 1275～1351.9.30

仏法を行《ぎょう》ずとも若《も》し悟を開くことなくば、其の工夫いたづらなるべしと疑ふて、いまだ行じても見ずして、かねて退屈する人は愚の中の愚なり。若しさやうの疑を起さばたゞ仏法のみにあらず、世間の凡夫のしわざ何事かかねて治定《じじょう》せるや。

＊かねて　はじめから。　退屈　仏道修行の困難さに負け、精進の気持をなくすこと。　治定　はっきり定まる。

『夢中問答』佐藤泰舜校訂、岩波文庫、一九三四年

鎌倉後期から南北朝時代の臨済宗の僧。伊勢の人。後醍醐天皇、足利尊氏らの帰依を受け、天竜寺開山となった。作庭にもすぐれ、天竜寺・西芳寺などの庭園が知られる。『夢中問答』など。

10　月

千《せんの》利《り》休《きゅう》 1522〜1591. 2. 28

10月1日

利休の云《いわく》、さびたるはよし、さわしたるはあしし、古語にも風流ならざる処、又風流とこれあり候、もとめて風流なるは、かえって風流ならざるなり。

附録　利久、さるかたへ鵙《もず》や宗安《そうあん》を伴い、茶に参られしに、内露地の扉に、いかにもさびたる狐戸《きつねど》をつられたり。宗安見て、さびたる風情おもしろき由、感心申されしを、利休、いや、それがしはさびたるとは思わず、いかんとなれば、深き山里などより所望して、ここにしつらいたるにやあらん。さあれば、さわしたる風情なりといえり。

藪内竹心『源流茶話』（井口海仙『茶道名言集』講談社学術文庫、二〇〇三年より）

＊さわす　本来さびていないものを、わざとさびさすこと。

安土桃山時代の茶人。堺の人。武野紹鷗（じょうおう）に学び、侘茶（わびちゃ）を完成。織田信長・豊臣秀吉に仕えて寵遇が厚かったが、秀吉の怒りに触れ自刃した。茶道の大成者とされる。

小堀遠州 1579〜1647.2.6

件《くだん》の肩衝《かたつき》、丹後の太守価《あたい》千金に御求候て、むかしの継目《つぎめ》ところどころ合ざりけるを、継《つぎ》なをし候はんやと、小堀遠州へ相談候へば、遠州此《この》肩衝破れ候て、つぎめも合ぬにてこそ、利休もおもしろがり、名高くも聞え侍《はべ》れ、かやうの物はそのまゝにて置《おく》がよく候と申されき。

（『茶話指月集』）

＊肩衝　肩の角ばった形の茶入れ。

森蘊『小堀遠州』人物叢書、吉川弘文館、一九六七年より

江戸前期の茶人・造園家。近江国の人。遠江守であったので遠州と称した。茶道を古田織部に学び、遠州流を創め、徳川家光の茶道師範。和歌・生花・建築・造園・茶具の選択と鑑定に秀でた。『茶話（ちゃわ）指月集』は利休・宗旦の逸話を伝えた久須美疎安の著。

ウィリアム・モリス　1834. 3. 24〜 1896. 10. 3　10月3日

私は民衆芸術ということを語ってきたが、それはすべて建築というあの一語で総括されよう。民衆芸術はことごとくその大きな総体の部分であり、家を建てるアートからすべては始まる。よしんば染色や布を織ることを知らなくとも、金や銀や絹やのいずれももたず、半ダースの黄土《オークル》顔料と焦茶《アンバー》顔料以外に塗る顔料がなくとも、材木と石と石灰とそれにこうしたどこにでもあるものを使ってわれわれを雨風から守るだけでなくて、われわれの心のうちに起る想いと念願を表現させるようなわずかの切り道具さえあれば、すべてのものに通ずる価値ある芸術を組立てることができるだろう。

（「生活の美」）

『ウィリアム・モリス研究　小野二郎著作集』1、晶文社、一九八六年より

イギリスの詩人・工芸家・社会改革家。ラファエル前派に属し、晩年は空想的社会主義を信奉。ケルムスコット・プレスを創設、豪華本の印刷装丁でも知られる。詩集に『地上楽園』、小説に『ユートピアだより』など。

10月4日　保田《やすだ》與重郎《よじゅうろう》 1910. 4. 15〜1981. 10. 4

日本の橋は材料を以て築かれたものでなく、組み立てられたものであつた。原始の岩橋の歌さへ、きのふまでこゝをとび越えていつた美しい若い女の思ひ出のために、文字の上に残されたのである。その石には玉藻もつかう、その玉藻は枯れ絶えても又芽をふくものだのに、と歌はれた。日本の文化は回想の心理のもの淡い思ひ出の陰影の中に、その無限のひろがりを積み重ねて作られた。

（「日本の橋」）

『保田與重郎文庫』1、新学社、二〇〇一年

文芸評論家。奈良県生れ。東大美学科卒。雑誌『コギト』『日本浪曼派』を創刊、同人として活躍。反近代的美意識を高唱して昭和一〇年代に脚光を浴びた。『日本の橋』『後鳥羽院』『万葉集の精神』など。

武田泰淳 1912. 2. 12～1976. 10. 5

10月5日

司馬遷は生き恥さらした男である。士人として普通なら生きながらえるはずのない場合に、この男は生き残った。口惜しい、残念至極、情なや、進退谷《きわ》まった、と知りながら、おめおめと生きていた。腐刑と言い宮刑と言う、耳にするだにけがらわしい、性格まで変るとされた刑罰を受けた後、日中夜中身にしみるやるせなさを嚙みしめるようにして、生き続けたのである。そして執念深く『史記』を書いていた。

（『司馬遷』第一篇）

『武田泰淳全集』第一一巻、筑摩書房、一九七一年

小説家。東京生れ。中国での戦争体験と仏教的世界観を根底に踏まえた代表的な戦後派作家。『司馬遷』『風媒花』『快楽（けらく）』『蝮（まむし）のすえ』『ひかりごけ』ほか。

10月6日　ル・コルビュジエ　1887. 10. 6〜1965. 8. 27

色彩とは？　それは身体のなかにたくましくめぐる血である。色彩とは、生命のしるしである。庭や畠にある花には「古色」はない。空は天気のよいときには青い。鋤《す》きおこされた土、立った岩、露《あらわ》な地層などのくすんだ協和音は、冬のあと、春ごとに生まれかわる生の爆発の堅固な踏切台である。色彩！

『伽藍が白かったとき』生田勉・樋口清訳、岩波文庫、二〇〇七年

フランスの建築家・画家。スイス生れ。W・グロピウスとともに近代建築の発展に最も大きな影響を与えた。「近代建築の五原則」を唱え、実作に文筆に幅広く活躍。著書に『建築をめざして』『伽藍が白かったとき』など。

ゲーテ 1749. 8. 28〜1832. 3. 22　10月7日

われわれは、だれしも自分の中に電力や磁力のようなものをそなえている。そして、同質のもの、異質のものに接触するに応じて、磁石のように、引力と斥力《せきりょく》を働かせるのだね。……恋人たちのあいだでは例の磁力がとりわけ強いので、とても遠いところまで作用が及ぶのだね。私が青年時代にひとりで散歩したりしていると、恋しい娘に無性《むしょう》に会いたくなり、じっと娘のことを考えていると、本当に彼女が私のところへやって来たようなことがじつによくあったな。「部屋にいても、落ちついていられず、」と彼女はいうのだった、「ここへ来ずにはいられなかったのですわ。」とね。

（一八二七年一〇月七日）

エッカーマン『ゲーテとの対話』(下)、山下肇訳、岩波文庫、一九六九年より

ドイツの詩人・小説家。疾風怒濤期の旗手として登場。シラーとの交友の中で創作と研究に努め、ドイツ古典主義時代を築く。『若きウェルテルの悩み』『ファウスト』『親和力』『ヘルマンとドロテーア』『西東詩篇』ほか。

10月8日

李商隠 812〜858

君《きみ》 帰期《きき》を問《と》うも未《いま》だ期《き》有《あ》らず
巴山《はざん》の夜雨《やう》 秋池《しゅうち》に漲《みなぎ》る
何当《いつ》か共《とも》に西窓《せいそう》の燭《しょく》を翦《き》り
却《かえ》って話《はな》さん 巴山夜雨《はざんやう》の時《とき》

（「夜雨《やう》 北《きた》に寄《よ》す」）

君は帰る日を尋ねてきたね、だが、帰る日はわからない。巴《は》の国の山間《やまあい》のこの地では池の水もあふれんばかり、秋の夜の冷たい雨が降りしきる。いつになれば、あの西の窓辺で、ともにろうそくの芯を切りながら語り合えるだろう、巴山に夜雨降りしきる、今この時のことを。

『李商隠詩選』川合康三選訳、岩波文庫、二〇〇八年

晩唐の詩人。字は義山（ぎざん）。河南の人。牛党・李党、二つの朋党の政争に巻き込まれ、生涯を落魄（はらく）のうちに送った。その詩は典故を多用して修辞に技巧をこらし、難解。

セルバンテス 1547. 10. 9～ 1616. 4. 23　10月9日

あかねさす太陽神《アポロ》が茫漠《ぼうばく》たる大地の表《おもて》に、黄金の糸をなすその美しき髪を広げたまうやいなや、かつまた、嫉妬《しっと》深き夫をやわらかなベッドに残し、ラ・マンチャの地平の戸口や露台から、人びとにその姿を現わしはじめた薔薇《ばら》色に輝く曙《アウローラ》の女神を出迎えんものと、色あざやかな無数の小鳥たちが、琴にもまさる囀《さえず》りもて、心地よくも甘美な調べを奏《かな》ではじめるやいなや、音に聞こえし騎士ドン・キホーテ・デ・ラ・マンチャは、懶惰《らんだ》を誘う羽毛の褥《しとね》を蹴り起《た》ちて、その名も高き愛馬ロシナンテにうちまたがり、古来人に知られしモンティエルの野に足を踏み入れたり。

『ドン・キホーテ』前篇㈠、牛島信明訳、岩波文庫、二〇〇一年

スペインの作家。生涯は波瀾に富み、レパントの海戦や捕虜生活・入獄も体験。ユーモアと諷刺、悲劇的・喜劇的要素を備え、過渡期の時代をよく描き出した。主著『ドン・キホーテ』。

10月10日　オーソン・ウェルズ 1915. 5. 6〜1985. 10. 10

映画は、けっして人生のレポートではない。

映画は、一つの夢である。

夢であればこそ、卑俗にも滑稽にも平凡にも醜悪にもなりうる。たぶんそれは悪夢のようなものだ。だが、夢はけっして嘘ではない。（「従順な芸術はありえない」）


モーリス・ベッシイ『ウェルズ』（『現代のシネマ』9、竹内健訳、三一書房、一九七六年より）

アメリカの映画監督・俳優。一九三八年、ラジオドラマ『火星人襲来』を演出して脚光をあびた。四一年、『市民ケーン』を監督・主演。のち『第三の男』などに出演。

渡辺崋山《か ざん》 1793.9.16〜1841.10.11　　10月11日

拙者事《こと》不慎にて、上《かみ》へ御苦労相《あい》かけ候ては恐入《おそれいり》候間《あいだ》、今晩自殺致候。御母様へ対し申訳無之《もうしわけこれなく》、不忠不孝の名後世にのこり、何とも其許《そのもと》にも申訳無之、さぞ〳〵後に御困難可被成《ならるべく》候間、必死《ひっし》御救《おすくい》申上候様頼存《ようたのみにぞんじ》候。茂兵衛・喜太郎などへも宜《よろ》敷《しく》、此様《このよう》なる書は涙のたね故、略し申候。頓首。

十月十日

助右衛門様

*茂兵衛　崋山の妹の夫。　喜太郎　茂兵衛の子。　助右衛門　崋山の弟で、岡崎藩士中山家を継いだ中山助右衛門。

「遺書」佐藤昌介校注(『渡辺崋山・高野長英・佐久間象山・横井小楠・橋本左内』『日本思想大系』55、岩波書店、一九七一年)

幕末の文人画家・洋学者。三河田原藩の家老。西洋画法を取り入れ独自の様式を完成、肖像画にすぐれた作品を残す。幕府の攘夷策を批判した『慎機論』を著し、蛮社の獄に連座、郷里に蟄居中、自刃。

10月12日

松尾芭蕉　1644〜1694.10.12

西行《さいぎょう》の和歌における、宗祇《そうぎ》の連歌における、雪舟の絵における、利休が茶における、其貫道《そのかんどう》する物は一《いっ》なり。しかも風雅におけるもの、造化にしたがひて四時《しいじ》を友とす。

（『笈の小文』）

＊貫道する物　道の根本を貫くもの。　**四時**　四季。

『芭蕉紀行文集 付 嵯峨日記』中村俊定校注、岩波文庫、一九七一年

江戸前期の俳人。伊賀上野（うえの）生れ。江戸深川の芭蕉庵で、談林の俳風を超えて俳諧に高い文芸性を賦与し、蕉風を創始。各地を旅して多くの名句と紀行文を残した。句は『俳諧七部集』、紀行・日記は『奥の細道』『野ざらし紀行』『笈の小文（おいのこぶみ）』ほか。

ソロー 1817. 7. 12〜1862. 5. 6　　10月13日

孤独ほどつきあいやすい友達には出会ったためしがない。われわれは自分の部屋にひき籠《こも》っているときよりも、そとでひとに立ちまじっているときのほうが、たいていはずっと孤独である。考えごとをしたり仕事をしたりするとき、ひとはどこにいようといつでもひとりである。孤独は、ある人間とその同胞とをへだてる距離などによっては測れない。

（「孤独」）

『森の生活』(上)、飯田実訳、岩波文庫、一九九五年

アメリカの随筆家。みずからの哲学を実践するため、故郷のウォールデン池畔にひとり簡易生活を送った。『森の生活』ほか。

10月14日　ハンナ・アーレント 1906.10.14〜1975.12.5

やったことはとんでもないことだが、犯人(今、法廷にいる、すくなくともかつてはきわめて有能であった人物)はまったくのありふれた俗物で、悪魔のようなところもなければ巨大な怪物のようでもなかった。彼にはしっかりしたイデオロギー的確信があるとか、特別の悪の動機があるといった兆候はなかった。過去の行動及び警察による予備尋問と本審の過程でのふるまいを通じて唯一推察できた際立った特質といえば、まったく消極的な性格のものだった。愚鈍だというのではなく、何も考えていないということなのである。

＊犯人　アイヒマン。元ナチス親衛隊中佐でユダヤ人虐殺の実行責任者。

『精神の生活』(上)、佐藤和夫訳、岩波書店、一九九四年

アメリカの政治哲学者。ドイツ生れのユダヤ人。アメリカ亡命後、全体主義国家の思想史的解明や、現代社会の精神的危機に鋭い洞察をくわえた。『イェルサレムのアイヒマン』『全体主義の起源』『人間の条件』など。

ガルブレイス 1908. 10. 15～2006. 4. 29

10月15日

ゆたかな社会における貧困の除去を社会的・政治的な日程に強力に載せようではないか。さらに進んで、その中心に据えようではないか。そしてまた、地球を守るという名目で地球に灰しか残さないようにする懼《おそ》れのある人たちから、われわれのゆたかさを守ろうではないか。

『ゆたかな社会 第四版』鈴木哲太郎訳、岩波書店、一九八五年

制度学派の流れをひくアメリカの経済学者。ハーヴァード大学教授。全米経済学会会長。『ゆたかな社会』『新しい産業国家』『満足の文化』など。

10月16日　ギュンター・グラス　1927.10.16〜2015.4.13

ああ、あんた方の汗まみれの思考とインクの洪水！　なんとたくさんの紙が、人類の教育を促進するために黒くされたことか！　論難書と宣言。言葉を孵《ふ》化《か》し、字句にこだわった。詩脚を数え、字義を解釈した。あれほど多くの知ったかぶり。何ひとつ人間にとって疑う余地のないものはなかった。一語一語に七つの反論が持ち出された。地球は円いか、パンはほんとうに主《しゅ》の肉体かどうか、という人間どもの論争がどこの説教壇からも降ってきた。ことにあたしたちは彼らの神学論争を愛したわ。聖書は実際、そんなふうにもこんなふうにも読むことができた。

『女ねずみ』高本研一・依岡隆児訳、国書刊行会、一九九四年

ドイツの作家。一九五九年発表の『ブリキの太鼓』で一躍有名になる。幻想的な奇怪さと細密なリアリティー、鋭い社会諷刺が混在・結合する作風。ほかに『犬の年』『ネコとネズミ』『ひらめ』など。積極的な政治活動でも知られる。

ニジンスキー 1890. 2. 28〜 1950. 4. 8 10月17日

私は肉体をまとった感情であり、肉体をまとった知性ではない。私は肉体である。私は感情である。私は肉体と感情をまとった神である。私は人間だ。神ではない。私は単純だ。私のことを考えてはいけない。私を感じ、感情を通して理解しなければならない。

『ニジンスキーの手記』鈴木晶訳、新書館、一九九八年

ロシアの舞踊家。ポーランド系ロシア人。ペテルブルグの帝室バレエ学校出身。ロシア・バレエ団の花形。のち「牧神の午後」などの振付により新生面をひらいた。

10月18日

森有正《ありまさ》 1911.11.30〜1976.10.18

遥かに行くことは、実は遠くから自分にかえって来ることだったのだ。これは僕に本当の進歩がなかったことを意味してはいないだろうか。それとも本当に僕の「自分」というものがヨーロッパの経験の厚みを耐えて、更に自分を強く表わしはじめたのだろうか。今僕はこの質問に答えることができない。これに答えるにはおそらく数十年の歳月がかかるだろうからである。ただ僕は、自分の中に一つの円環的復帰がはじまったことを知るのである。

『バビロンの流れのほとりにて』筑摩書房、一九七〇年

仏文学者・哲学者。東京生れ。森有礼(ありのり)の孫。東大仏文科助教授を辞してフランスに定住。パリ大学教授。パスカル、デカルトの研究に従事。『デカルト研究』『バビロンの流れのほとりにて』など。

スウィフト 1667. 11. 30〜1745. 10. 19

10月19日

余は嘗《かつ》て倫敦《ロンドン》で懇意に成った物識りの亜米利加《アメリカ》人から、当才位の赤ん坊は健全でよく育ってさえ居れば、スチューにしても、焼いても、炙《あぶ》っても、茹《ゆで》ても実に美味《うま》いもので、滋養分に富んで居るということを聞いたことがあるが、フリカシーやラグーにしてもかなり喰えるだろうと思う。

（「ドレーピア書簡」）

夏目漱石『文学評論』下、岩波文庫、一九八五年より

イギリスの作家。アイルランド生れ。辛辣な諷刺で文壇・政界に活躍したが、精神錯乱のうちに死去。『ガリヴァー旅行記』は諷刺文学の傑作。ほかに『書物合戦』『桶物語』など。引用は漱石の訳文。

10月20日　ランボー　1854.10.20〜1891.11.10

いまはできるかぎり身をもちくずそう。なぜって、私は詩人になろうと思っているのだし、見者になろうと努めているからです。……すべての感官を錯乱させることによって未知のものに到達することが肝要なのです。大変な苦痛ですが、そのためには強くなければならず、生まれついての詩人でなければなりません。そして、私は自分が詩人であることに気づきました。……われ思う、なんて言うのは間違いです。人われを思う、と言うべきでしょう。……私とは一個の他人なのです。

（一八七一年五月一三日）

ジョルジュ・イザンバール宛書簡、編者訳出

フランス象徴派の詩人。早熟な天才で、「酔いどれ船」など生命感にあふれた初期詩編を書いた。以後四、五年で詩作を廃したが、その作品は二〇世紀文学に決定的な影響を与えた。詩集『地獄の季節』、散文詩集『イリュミナシオン』など。

志賀直哉 1883.2.20〜1971.10.21

明け方の風物の変化は非常に早かった。しばらくして、彼が振り返って見た時には山頂の彼方《むこう》からわき上がるように橙色《だいだいいろ》の曙光《しょこう》がのぼって来た。それが見る見る濃くなり、やがてまたあせはじめると、あたりは急に明るくなって来た。萱《かや》は平《へい》地《ち》のものに比べ、短く、そのところどころに大きな山独活《やまうど》が立っていた。あっちにもこっちにも、花をつけた山独活が一本ずつ、遠くのほうまでところどころに立っているのが見えた。そのほか、おみなえし、われもこう、萱草《かんぞう》、松虫草《まつむしそう》なども萱に混じって咲いていた。小鳥が鳴きながら、投げた石のように弧を描いてその上を飛んで、また萱の中にもぐり込んだ。

『暗夜行路』後編、岩波文庫、一九六二年

小説家。武者小路実篤らと雑誌『白樺』を創刊。強靭な個性による簡潔な文体は、散文表現における一到達点を示す。作『城の崎にて』『和解』『小僧の神様』『暗夜行路』など。

セザンヌ 1839. 1. 19〜1906. 10. 22

花はあきらめた。すぐに枯れてしまう。果物のほうが忠実だ。果物は肖像を描いてもらおうとしている。色褪《あ》せていくのをあやまっているかのようにそこにある。香りとともに果物の考えていることが漂ってくる。果物たちは、さまざまな匂いのうちにあなたのもとにやって来て、収穫された畑や育ててくれた雨のこと、ひっそり見ていた曙《あけぼの》のことを話してくれる。

（ジョアシャン・ガスケとの対話）

『セザンヌ 絶対の探求者』山梨俊夫編訳、二玄社、一九九七年

フランスの画家。後期印象派の巨匠。印象主義によって失われた固有色や堅牢な画面構成を取り戻し、画面内の形や色の造型的価値を探究した。「サント・ヴィクトワール山」ほか。

人間には自分自身以外に敵はほとんどいないものである。最大の敵はつねに自分自身である。判断を誤ったり、むだな心配をしたり、絶望したり、意気沮喪《そそう》するようなことばを自分に聞かせたりすることによって、最大の敵となるのだ。

（「汝自らを知れ」一九〇九年一〇月二三日）

『アラン 幸福論』神谷幹夫訳、岩波文庫、一九九八年

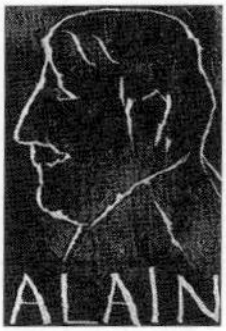

フランスの人生哲学者・モラリスト。理性主義の立場から芸術・道徳・教育など諸般の問題を論じた。『幸福論』は新聞に「日曜語録」として連載されたものをはじめとして、総計五〇〇〇に上るプロポ（哲学断章）から成り、フランス散文の傑作とされる。

10月24日

袁《えん》 枚《ばい》 1716〜1798

味は濃厚《こってり》を要するが、油膩《あぶらこく》てはいけない。味は清鮮《あっさり》を要するが、淡薄《みずくさく》てはいけない。この似て非なる間隔の一毛《もう》一厘《りん》の差は、これを誤ると千里も離れることになる。濃厚《こってり》とは精を取ること多くして糟《かす》を去ることをいうのである。もしいたずらに肥膩《あぶらこき》を貪《むさぼ》るならば、もっぱら豚脂を食うに越したことはない。清鮮《あっさり》とは真味が出て俗塵のないことをいうのである。もしいたずらに淡薄《みずくさき》を貪るならば水を飲むに越したことはない。

『随園食単』青木正児訳注、岩波文庫、一九八〇年

清の詩人。号は簡斎・随園。その詩は清新。古文・駢儷(べんれい)をよくし、趙翼・蔣士銓とともに乾隆の三大家と称される。食通としても知られ、『随園食単』は三百余種の料理のレシピであり、味わい方である。

ブリア=サヴァラン　1755. 4. 1〜1826. 2. 2　10月25日

どんなものを食べているか言ってみたまえ。君がどんな人であるかを言いあててみせよう。

＊

新しい御《ご》馳《ち》走《そう》の発見は人類の幸福にとって天体の発見以上のものである。

＊

だれかを食事に招くということは、その人が自分の家にいる間じゅうその幸福を引き受けるということである。

（「アフォリスム」）

『美味礼讃』(上)、関根秀雄・戸部松実訳、岩波文庫、一九六七年

フランスの司法家。グルメ（美食家）として名高い。生涯独身だったが、大審院判事あるいは高級官僚としての生活を送り、パリの最高の食卓につき、また、自ら料理の腕を振るいもしたという。『美味礼讃』が有名。

10月26日　クロソウスキー　1905. 8. 9～2001. 8. 12

いまぼくは、ルクレティアの狂乱した表情を、細部にわたって述べてみよう。彼女の手は、強引に接吻しようとするタルクイニウスの口を避けるように見せかけながら、明らかに手のひらを彼に与えている。また下腹部におかれているもういっぽうの手は、宝物への接近をはばむどころか、いまやうきあがって、指をのばしている。つまり、トネールが表現しようとしたものは、ひとつの魂、ひとつの肉体において、精神的嫌悪と快楽の氾濫が同時に起こる様相である。その情景を彼は二つの手の様相によって表現した。すなわち、一つの手は嘘をつき、もういっぽうの手は、指にみなぎってきた罪を告白しているのだ。

『歓待の掟』若林真・永井旦訳、河出書房新社、一九八七年

フランスの作家・画家。多方面にわたる才能によって現代フランスの芸術・思想に多大な影響を与えた。『歓待の掟』『ロベルトは今夜』ほか。引用は、トネールという架空の画家の作品についての評論。

高浜虚子 1874. 2. 22〜1959. 4. 8

10月27日

骨肉も尚《な》お死ぬるものだという事は父母の死以来一応合点されていながら、其《それ》が自分の子供の上になると、何の理屈無しに死なぬという堅い自信を持っていたものが此《この》時以来がらりと崩れてしまったのである。……私は其後度々墓参をした。凡てのものの亡び行く姿、中にも自分の亡び行く姿が鏡に映るように此墓表に映って見えた。「これから自分を中心として自分の世界が徐々として亡びて行く其有様を見て行こう。」私はじっと墓表の前に立っていつもそんな事を考えた。

（「落葉降る下にて」）

平井照敏『虚子入門』永田書房、一九八八年より

俳人。本名、清。愛媛県松山生れ。正岡子規に師事。『ホトトギス』を主宰して花鳥諷詠の客観写生を説いた。『五百句』『虚子俳話』ほか。『風流懺法』など写生文の小説でも知られる。

10月28日

エラスムス

1466. 10. 28頃〜
1536. 7. 12

戦争は体験しない者にこそ快し。——この格言は、諸事にわたって経験の乏しい者こそ、嬉々として危険を買って出る、と教える。事実、アリストテレスも『修辞学』の中で、なぜ若者というものが向こうみずで、それにひきかえ老人は臆病であるのか説明している。それによれば、若者はよもやまの物事に通じていないので、かえって自分を恃《たの》むことすこぶる厚く、老人は幾多の経験を経ているので、それがために気遅れもする、というのである。

二宮敬『エラスムス』(『人類の知的遺産』23、講談社、一九八四年)所収の「戦争は体験しない者にこそ快し」解説(月村辰雄)より

オランダの人文主義者。アウグスティヌス会の神父であったが、修道院制やスコラ哲学に批判を加え、宗教改革に影響を与えた。『痴愚神礼讃』『平和の訴え』ほか。

ウォールトン 1593. 8. 9～1683. 12. 15

10月29日

金持の人間が、楽しく遊んでいるように見えて、じつは、我が身を犠牲にしてやみくもにまゆをつむいでいる蚕《かいこ》のような生活をしているとは、ほとんどのひとが気がつきません。これが金持の本来の姿なのです。おそらくは疚《やま》しい手段で手に入れたであろう財産を、守り、管理するべくかれらは、自分自身の骨身をけずっているのです。だから、健康と生きていくに不自由しない資産と、なにものにもまさる穏やかな良心があれば、深く感謝しましょう。

『完訳 釣魚大全』森秀人訳、虎見書房、一九七〇年

イギリスの随筆家・伝記作家。ロンドンで洋服屋を営んでいたが五〇歳で引退し、読書、著述、魚釣りに余生を送る。『釣魚大全』で有名。

10月30日

岡倉天心 1862. 12. 26〜1913. 9. 2

茶人たちは、花を選択することでかれらのなすべきことは終わったと考えて、その他のことは花みずからの身の上話にまかせた。晩冬のころ茶室に入れば、野桜の小枝につぼみの椿《つばき》の取りあわせてあるのを見る。それは去らんとする冬のなごりときたらんとする春の予告を配合したものである。またいらいらするような暑い夏の日に、昼のお茶に行って見れば、床の間の薄暗い涼しい所にかかっている花瓶《かびん》には、一輪の百合《ゆり》を見るであろう。露のしたたる姿は、人生の愚かさを笑っているように思われる。

『茶の本』村岡博訳、岩波文庫、一九六一年

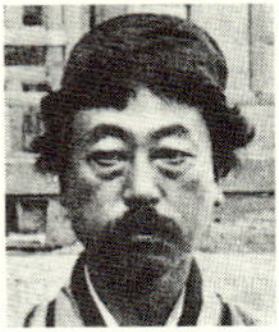

明治時代、美術界の指導者。本名、覚三。東京美術学校長、米国ボストン美術館東洋部長などを歴任。日本美術院を創設した。『東洋の理想』『日本の目覚め』『茶の本』(いずれも英文)など。

ボードレール 1821. 4. 9〜1867. 8. 31　10月31日

われらまもなく冷たき闇に沈むらん。
いざさらば、束《つか》の間《ま》なりしわれらが夏の強き光よ！
われすでに聞く、中庭の甃石《いしだたみ》に
悲しき響を立てて枯枝の落つるを。

（「秋の歌《シャン・ドトーヌ》(I)」）

『悪の華』村上菊一郎訳、角川文庫、一九六一年

フランスの詩人。象徴派の先駆、芸術至上主義・頽廃主義の代表者。詩集『悪の華』は近代詩の聖典とされる。ほかに、散文詩『パリの憂愁』、評論『ロマン派芸術論』など。

11　月

中江兆民 1847.11.1〜1901.12.13

余明治の社会において常に甚だ不満なり、故に筆《ふで》を取れば筆を以て攻撃し、口を開けば詬罵《こうば》を以てこれを迎《むか》ふ。今や喉頭この悪腫《あくしゅ》を獲《え》て医治《いじ》なく、手を拱《きょう》して終《しゅう》焉《えん》を待つ、あるいは社会の罰《ばつ》を蒙《こうむ》りて爾《しか》るにはあらざる耶《や》、呵々《かか》。（『一年有半』）

＊詬罵　ののしりはずかしめること。　手を拱して　手立てを講ずることなく。

『一年有半・続一年有半』井田進也校注、岩波文庫、一九九五年

思想家。名は篤介(とくすけ)。一八七一年、渡仏。帰国後に民権論を提唱して、自由党の創設に参画した。同党機関紙『自由新聞』の主筆。第一回総選挙に代議士当選。『一年有半』『続一年有半』のほか、ルソー『民約論』などを翻訳。

司馬遷 前145頃〜前86頃

私も、命を惜しむ臆病者ではありますが、去就進退の分は、多少わきまえております。罪せられ、辱ずかしめられて、生きながらえるのが、私の本旨でないことは、申すまでもありますまい。また、奴隷奴婢《ぬひ》のたぐいも、なお自害して果てることがあります。まして、進退谷《きわ》まった私が、どうして自害せぬわけがありましょうぞ。隠忍して活《い》きながらえ、糞土の中に幽せられて、あえて辞せぬ所以《ゆえん》は、自己のねがいを果たさぬのを恨み、このままうずもれて、文章が後世に表われぬのを、鄙《はず》るからであります。

（「任安《じんあん》に報ずるの書」）

武田泰淳『司馬遷』（『武田泰淳全集』第一一巻、筑摩書房、一九七一年より）

中国、前漢の歴史家。武帝の時、父・談の職を継いで太史令となり、自ら太史公と称した。李陵が匈奴に降ったのを弁護して宮刑に処せられたが発憤し、父の志を継いで『史記』一三〇巻を完成した。

E. H. カー　1892. 6. 28〜 1982. 11. 3　11月3日

事実というのは決して魚屋の店先にある魚のようなものではありません。むしろ、事実は、広大な、時には近よることも出来ぬ海の中を泳ぎ廻っている魚のようなもので、歴史家が何を捕えるかは、偶然にもよりますけれども、多くは彼が海のどの辺で釣りをするか、どんな釣道具を使うか――もちろん、この二つの要素は彼が捕えようとする魚の種類によって決定されますが――によるのです。全体として、歴史家は、自分の好む事実を手に入れようとするものです。歴史とは解釈のことです。

『歴史とは何か』清水幾太郎訳、岩波新書、一九六二年

イギリスの外交官・国際政治学者。国際政治における理想と現実の関係を考察、またロシア革命史を研究。『危機の二十年』『ソ連史』など。

11月4日

エウリピデス 前480頃〜前406

神様方のお心は、ただ私を苦しめ、トロイアをば、とりわけて憎もうとなさることであったとしか思われぬ。牛を屠《ほふ》って勤めた奉仕も空しいことであった。しかしまた、神様がこれほどまで根こそぎに、トロイアを亡ぼされることがなかったら、わたしらは名も知られず、後の世の人に歌いつがれることもなかったであろうし……。

『トロイアの女』松平千秋訳(『ギリシア悲劇全集』Ⅲ、人文書院、一九六〇年)

古代ギリシアの三大悲劇詩人の一人。神話に新解釈を加え、人間的な写実主義を導入した。『メデイア』『ヒッポリュトス』など一八編が残る。『トロイアの女』は、跡形もなく滅ぼされたトロイアの王族の女たちが、奴隷として連れ去られていく悲劇。

すべて歴史的判断の基礎には実践的要求があるので、すべての歴史は「現代史」という性格を与えられる。なぜなら、叙述される事件が遠く離れた時代のものに見えても、実は、その歴史は現在の要求および状況——その内部に事件がこだましているのである——について語っているのであるから。

E・H・カー『歴史とは何か』原注、清水幾太郎訳、岩波新書、一九六二年より

イタリアの哲学者。ヴィーコを継ぎ、芸術と言語について独自の表現理論を展開した。また自由主義者としてファシズムに協力を拒否。『美学』『論理学』『実践哲学』『歴史叙述の理論と歴史』ほか。

チェスタートン 1874. 5. 29〜1936. 6. 14

神父は、どこから話しはじめたら良いのかとまどっているらしかったが、やっと前にいったことを繰り返した――「賢いひとは葉をどこに隠す？　森のなかに隠す」。

相手はなんとも返事をしない。「森がない場合には、自分で森を作る。そこで、一枚の枯葉を隠したいと思う者は、枯木の林をこしらえあげるだろう」。依然として返答はない、神父はいっそう穏やかな口調でつけ加える――「死体を隠したいと思う者は、死体の山を築いてそれを隠すだろうよ」。（「折れた剣」）

『ブラウン神父』福田恆存訳（『世界名作推理小説大系』6、東京創元社、一九六〇年）

イギリスの作家・批評家。カトリックの伝統主義に立ち、逆説趣味を駆使した知的で諷刺的な作風を示す。『木曜日の男』『ブラウン神父の童心』ほか。

トルストイ 1828. 8. 28〜1910. 11. 7　　11月7日

《なんだ、これは？　おれは倒れているのか？　おれは足がふらついている》と彼は思った。そして、あお向けに倒れた。彼はフランス兵と砲兵との闘いがどんな結末になったかが見られるものと思い、赤毛の砲兵が殺されたか、殺されなかったか、大砲が奪われたか、救われたか、知りたいと思って、目を見開いた。しかし、何も見えなかった。彼の上には空以外何もなかった——澄んではいないが、それでもやはり、はかりしれないほど高くて、灰色の雲が静かに流れている、高い空以外。

『戦争と平和』㈡、藤沼貴訳、岩波文庫、二〇〇六年

ロシアの小説家・思想家。帝政下のロシア社会の矛盾に苦しみ、その改革を試みたが失敗し、宗教に向かう。晩年、一切をなげうって放浪、寒村の駅舎で病死。『戦争と平和』『アンナ・カレーニナ』『復活』『生ける屍』『人生論』ほか。

ミルトン 1608.12.9〜1674.11.8

一敗地に塗《まみ》れたからといって、それがどうだというのだ？
すべてが失われたわけではない――まだ、不屈不撓《ふとう》の意志、
復讐への飽くなき心、永久に癒《い》やすべからざる憎悪の念、
降伏も帰順も知らぬ勇気があるのだ！　敗北を喫しないために、
これ以外何が必要だというのか？

『失楽園』(上)、平井正穂訳、岩波文庫、一九八一年

イギリスの詩人。清教徒革命に参加して、自由と民主制のために闘った。クロムウェルの共和政府にも関与。失明し、王政復古後は詩作に没頭した。叙事詩『失楽園』のほか、言論の自由を論じた『アレオパジティカ』など。

陶淵明 365〜427

11月9日

羈鳥《きちょう》は旧林《きゅうりん》を恋《こ》い、
池魚《ちぎょ》は故淵《こえん》を思《おも》う。
荒《こう》を南野《なんや》の際《さい》に開《ひら》かんとし、
拙《せつ》を守《まも》って園田《えんでん》に帰《かえ》る。

（園田《えんでん》の居《きょ》に帰《かえ》る五首《しゅ》　其《そ》の一）

かごの鳥がもと棲《す》んでいた林を恋い、池の魚がもとの淵《ふち》を慕うように、わたしも生まれ故郷がなつかしく、世渡りべたなもちまえの性格を守り通して田園に帰り、村の南端の荒地を開墾しつつある。

＊羈鳥　束縛された鳥。　拙を守る　愚直な性格を押し通すこと。

『陶淵明全集』(上)、松枝茂夫・和田武司訳注、岩波文庫、一九九〇年

中国、六朝（りくちょう）時代の東晋の詩人。名は潜。下級貴族の家に生まれ、不遇な官途に見切りをつけ、四一歳のとき「帰去来辞（ききょらいのじ）」を賦して故郷の田園に隠棲。平易な語で田園の生活や隠者の心境を歌った。『五柳先生伝』『桃花源記』ほか。

11月10日　ルター　1483. 11. 10〜1546. 2. 18

ルターに敵意をもつある貴族が言った。「きみは聖人かね。ねえ、もしきみがわしより先に天国に行った場合、あとからくる私の目玉をくりぬかないでもらいたいな」。するとルター博士は答えて言った。「若殿よ、私がどんなにあなたの目玉をくりぬきたいと思ったところで、天国であなたにお目にかかることはないでしょう」。

（「卓上語録」）

『ルター』塩谷饒訳（『世界の名著』18、中央公論社、一九六九年より）

ドイツの宗教改革者。一五一七年、教皇の免罪符濫売を憤って抗議書九五カ条を公表、破門にあって宗教改革の端を開いた。救いは行いによらず信仰のみによると説く。聖書のドイツ語訳を行なった。『キリスト者の自由』など。

エンツェンスベルガー 1929.11.11～ 11月11日

アイヒマンを診断したイスラエルの精神病医は、アイヒマンは「まったく正常《ノーマル》な人間であって、かれを診断したあとのわたし自身よりも、かえって正常なのではないかという気がするくらいだ」と、いっている。別の研究者はアイヒマンを、模範的な家庭の父親と見なしている。アイヒマンは主として公文書や輸送計画や統計にたずさわっていたのだが、それでもなお、犠牲者たちをじぶんの眼で見る機会があった。最後の世界大戦を現に立案している者たちは、もはや犠牲者たちを見ることもないだろう。

（「ガラスケースのまえでの考察」）

＊アイヒマン　元ナチス親衛隊中佐。ユダヤ人虐殺の実行責任者として裁かれた。

『政治と犯罪』野村修訳、晶文社、一九六六年

ドイツの詩人・評論家。詩集『狼たちの弁護』。長編の評論「政治と犯罪」は、古今の犯罪者・犯罪組織を克明に分析し、国家そのものが潜在的に有する犯罪的本質を明らかにする。

11月12日　エンデ　1929.11.12～1995.8.28

バスチアンは、ふと、自分の目がさっきからずっとあの本に吸いよせられているのに気がついた。先ほどコレアンダー氏が手に持っていた、そして今は革《かわ》のいすの上においてある、あの本に。バスチアンは目をそらすことがどうしてもできなかった。まるで、そこから磁気のような力が発していて、自分を魅《ひ》きつけて放そうとしないかのようだった。

バスチアンは、いすに近よった。そうっと手をのばした。手が本にふれた。――その瞬間、わなのかけがねがおりたように、バスチアンの中で何かがカチッと鳴った。

『はてしない物語』上田真而子・佐藤真理子訳、岩波書店、一九八二年

ドイツの児童文学者。現実と空想とを織りまぜた世界を描き、経済主義にむしばまれる現代社会に警鐘を鳴らしている。作『ジム・ボタンの機関車大旅行』『モモ』『はてしない物語』など。

アウグスティヌス 354. 11. 13〜430. 3. 28 11月13日

こうしてこの九年間、わたしの十九歳から二十八歳まで、わたしたちはさまざまな欲望に、みずから迷わされ、人を迷わし、みずから欺かれ、人を欺いた。そしておおやけには自由学科とよばれる学問を鼻にかけ、ひそかには宗教の名をかたって、一方ではうぬぼれが強く、他方では迷信が深く、いずれにおいても空虚であった。

（第四巻第一章）

『聖アウグスティヌス 告白』(上)、服部英次郎訳、岩波文庫、一九七六年

初期キリスト教会最大の思想家。若年のころ放蕩にふけったりマニ教を奉じたりしたが、新プラトン哲学に転じ、のちに洗礼を受けた。人は神の恩恵によってのみ救われる、教会はその救いの唯一の伝達機関である、歴史は神の国と地の国との戦いである、と説く。『告白』『神の国』ほか。

11月14日　ヘーゲル 1770. 8. 27〜1831. 11. 14

理性的なものは現実的であり、
そして、現実的なものは理性的である。

存在しているものを概念的に把握するのが哲学の課題である。けだし、存在しているものこそが理性だからである。個人に関して言うなら、各人はもとよりその時代の子である。哲学もまたそうであって、思想のうちに捉えられたその時代である。

『法哲学綱要』序文、編者訳出

ドイツ古典哲学の最大の代表者。自己が異質な他者(対象)のなかでいったん自己を見失い、その他者と和解しあうことによってより大きな自己へと生成し、究極的に絶対知へ至る論理を示した。『精神現象学』『論理学』『法哲学綱要』ほか。

道　元　1200. 1. 19〜 1253. 8. 28

11月15日

近代《きんだい》の禅僧、頌《じゅ》を作《つ》くり法語《ほうご》を書かんがために文筆《ぶんぴつ》等をこのむ、是れ便《すなわ》ち非《ひ》なり。頌をつくらずとも心に思はんことを書出し、文筆とゝのはずとも法門《ほうもん》をかくべきなり。是をわるしとて見ざらんほどの無道心《むどうしん》の人は、よく文筆を調《ととの》へていみじき秀句ありとも、只言語《ごんご》ばかりを翫《もて》あそんで理を得べからず。

懐奘編『正法眼蔵随聞記』和辻哲郎校訂、岩波文庫、一九八二年

鎌倉初期の禅僧。日本曹洞（そうとう）宗の開祖。越前に曹洞禅の専修道場永平寺を開く。『正法眼蔵（しょうぼうげんぞう）』ほか。『正法眼蔵随聞記（ずいもんき）』は弟子懐奘（えじょう）が師の日々の言行を記したもの。

11月16日

パウロ ?〜64頃

愛は偽《いつわ》りなきものでなければならない。悪を憎悪し、善《ぜん》に結《むす》びつき、互いに対する兄弟愛において肉親間のように優しく愛する者となり、尊敬をもって互いを立て合い、熱心さにおいて遅れをとらぬ者となり、霊において熱くなり、主に隷従《れいじゅう》し、希望において喜び、患難《かんなん》において忍耐し、祈りにおいて専念し、聖なる者たちの困窮《こんきゅう》を共に担《にな》い、旅人をあつくもてなす——不断《ふだん》にそのようになりなさい。

（「ローマ人への手紙」）

『パウロ書簡』（『新約聖書』Ⅳ、青野太潮訳、岩波書店、一九九六年）

キリスト教をローマ帝国に普及するのに最も功の多かった伝道者。もと熱心なユダヤ教徒でキリスト教徒の迫害に加わったが、復活したキリストに接したと信じて回心し、生涯を伝道に捧げた。その書簡は新約聖書の重要な一部をなす。

ロダン 1840.11.12〜1917.11.17

辛抱です！　神来を頼みにするな。そんなものは存在しません。芸術家の資格はただ智慧と、注意と、誠実と、意志とだけです。正直な労働者のように君たちの仕事をやりとげよ。

真実であれ、若き人々よ。しかしこれは平凡に正確であれという事を意味するのではない。低級な正確というものがあります。写真や石膏型のそれです。芸術は内の真実があってこそ始まります。すべての君たちの形、すべての君たちの色彩をして感情を訳出せしめよ。

『ロダンの言葉抄』高村光太郎訳、高田博厚・菊池一雄編、岩波文庫、一九六〇年

フランスの彫刻家。パリ生れ。ミケランジェロに傾倒。生命力と量感にあふれた作風で、現代彫刻に大きな影響を与えた。「青銅時代」「地獄の門」「考える人」「カレーの市民」「バルザック」など。

11月18日

ニーチェ 1844. 10. 15〜1900. 8. 25

人間の偉大さを言いあらわすための わたしの慣用の言葉は運命愛《アモール・ファティ》である。何ごとも、それがいまあるあり方とは違ったあり方であれと思わぬこと、未来に対しても、過去に対しても、永遠全体にわたってけっして。

『この人を見よ』手塚富雄訳、岩波文庫、一九六九年

ドイツの哲学者。プラトン以来の形而上学やキリスト教を基盤に形成されてきた西洋文化の総体を批判し、生きた自然を復権することによってその克服を企てた。『悲劇の誕生』『ツァラトゥストラはこう言った』『善悪の彼岸』ほか。

リンカーン 1809. 2. 12〜 1865. 4. 15　　11月19日

われわれの前に残されている大事業に、ここで身を捧げるべきは、むしろわれわれ自身でありますーーそれは、これらの名誉の戦死者が最後の全力を尽《つく》して身命を捧げた、偉大な主義《コーズ》に対して、彼らの後をうけ継いで、われわれが一層の献身を決意するため、これら戦死者の死をむだに終らしめないように、われらがここで堅く決心をするため、またこの国家をして、神のもとに、新しく自由の誕生をなさしめるため、そして人民の、人民による、人民のための、政治を地上から絶滅させないため、であります。

（ゲティスバーグ演説、一八六三年一一月一九日）

『リンカーン演説集』高木八尺・斎藤光訳、岩波文庫、一九五七年

アメリカ合衆国第一六代大統領（一八六一―六五）。共和党出身。一八六三年、南北戦争下に奴隷解放を宣言、六四年再選。翌年暗殺された。このゲティスバーグの演説は、「人民の人民による人民のための政治」という民主主義の理念を説いたことで著名。

11月20日

林 達夫 1896.11.20〜1984.4.25

ほんとうに芸術を愛好していては、なかなか「批評家」なんかにはなれない。私の場合、一つの小さな愛好でさえ百の嫌悪から成り立っている。だから「批評家」になるには、百対一の割合で、その百の嫌悪の根拠を人の前に説明する饒舌《じょうぜつ》な閑人となることを覚悟せねばならぬ。そんな閑があったら、むしろ昼寝をする。

（「批評家棄権」）

『林達夫評論集』中川久定編、岩波文庫、一九八二年

評論家。雑誌『思想』編集者、平凡社『世界大百科事典』編集長などを歴任。自由主義的思想家として活発な評論活動を行い、政治・思想・文化の動向に鋭い批判を加えた。『思想の運命』『共産主義的人間』ほか。

会津八一 1881.8.1〜1956.11.21　11月21日

奈良博物館にて

くわんおん の しろき ひたひ に やうらく の
かげ うごかして かぜ わたる みゆ

あきしの の みてら を いでて かへりみる
いこま が たけ に ひ は おちむ と す

すゐえん の あま つ をとめ が ころもで の
ひま にも すめる あき の そら かな

（「南京新唱」）

『自註鹿鳴集』岩波文庫、一九九八年

新潟生れの歌人・書家・美術史家。秋艸（しゅうそう）道人と号した。万葉風を近代化した独自の歌風を確立した。代表歌集『鹿鳴集』は古都奈良の寺や仏像への愛から詠まれた「南京新唱」にその後の作歌を加えたもの。

11月22日　近松門左衛門 1653〜1724.11.22

此の世《よ》のなごり、夜《よ》もなごり。死《しに》に行く身をたとふれば、あだしが原《はら》の道の霜《しも》、一足《あし》づゝに消《き》えて行《ゆ》く、夢の夢こそ　あはれなれ。あれ数《かぞ》ふれば暁《あかつき》の、七つの時《とき》が六つ鳴《な》りて、残《のこ》る一つが今生《こんじょう》の、鐘《かね》のひゞきの聞《き》きをさめ、寂滅為《じゃくめつい》楽《らく》と　ひゞくなり。

（『曾根崎心中』）

『近松浄瑠璃集』(上)、重友毅校注（『日本古典文学大系』49、岩波書店、一九五八年）

江戸中期の浄瑠璃・歌舞伎脚本作者。狂言本二十数編、浄瑠璃百数十曲を作り、義理人情の葛藤を題材に人の心の美しさを描いた。『出世景清』『国性爺合戦』『曾根崎心中』『心中天の網島』『女殺油地獄』ほか。

パウル・ツェラン 1920. 11. 23～ 1970. 4. 26　11月23日

飛ぶ鳥、飛ぶ石、千の
えがかれていく軌跡。まなざしは
うばわれ、摘まれる。海は
あじわわれ、酔われ、夢まどろまれる、ひととき、
魂は昏《くら》む。つぎのとき、秋のひざしが
照りはえる、ひとつの盲目の
感情に。

（「万霊節」）

飯吉光夫『パウル・ツェラン』小沢書店、一九九〇年より

ドイツの詩人。ユダヤ人。両親を強制収容所で亡くす。ナチスによるユダヤ人虐殺を背景にした詩により、ドイツ詩壇に大きな影響を与えた。「死のフーガ」が有名。一九七〇年、セーヌ川に入水自殺。

11月24日

スピノザ 1632. 11. 24〜1677. 2. 21

私が国家学に心を傾けた時に、私は何か新しい事柄、未聞の事柄を説こうとしたのではなく、ただ実践と最もよく調和する事柄を確実かつ疑いえない理論によって証明し、あるいはそれを人間的本性の状態そのものから導き出そうと意図したのであった。そしてこの学問に関することどもを、数学を取り扱うのと同様の捉われない精神をもって探究するために、私は人間の諸行動を笑わず、歎かず、呪《じゅ》詛《そ》もせず、ただ理解することにひたすら努めた。

『国家論』畠中尚志訳、岩波文庫、一九七六年

オランダのユダヤ系哲学者。デカルトの方法をさらに徹底させ、純幾何学形式によって哲学体系を構成した。『エチカ』『知性改善論』ほか。

孫　子　生没年未詳　11月25日

彼れを知りて己《おの》れを知れば、百戦して殆《あや》うからず。彼れを知らずして己れを知れば、一勝一負す。彼れを知らず己れを知らざれば、戦う毎《ごと》に必ず殆うし。

（「謀攻篇」）

敵情を知って身方の事情も知っておれば、百たび戦っても危険がなく、敵情を知らないで身方の事情を知っていれば、勝ったり負けたりし、敵情を知らず身方の事情も知らないのでは、戦うたびにきまって危険だ。

『新訂 孫子』金谷治訳注、岩波文庫、二〇〇〇年

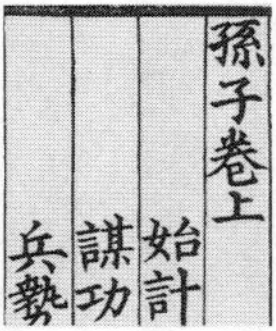

中国、春秋時代（前七七〇―前四〇三）の兵法家・孫武の敬称。呉王闔閭（こうりょ）に仕え、楚を破り、斉・晋を威圧して、闔閭の覇業を助けた。後世、呉起（呉子）とともに兵法の祖と称される。『孫子』はその著。

11月26日

ウィーナー 1894. 11. 26〜1964. 3. 18

新しい科学、サイバネティックスに貢献したわれわれは、控え目にいっても道徳的にはあまり愉快でない立場にある。既述のように、善悪を問わず、技術的に大きな可能性のある新しい学問の創始にわれわれは貢献してきた。われわれはそれを周囲の世界に手渡すことができるだけであるが、それはベルゼン(Belsen)や広島の世界でもある。

*ベルゼン　ハンブルク近郊に設けられたナチスの強制収容所。

『サイバネティックス』池原止戈夫・彌永昌吉・室賀三郎・戸田巌共訳、岩波文庫、二〇一一年

アメリカの数学者。マサチューセッツ工科大学教授。確率・コンピュータ・自動制御の理論やサイバネティックスの開拓者。

ノーマン 1909.9.1〜1957.4.4

巨匠たちの歴史作品に見られるように、歴史は決して一直線でも、単純な因果の方程式でも、正の邪に対する勝利でも、暗から光への必然の進歩でもなかった。それよりも歴史は、すべての糸があらゆる他の糸と何かの意味で結びついているつぎ目のない織物に似ている。ちょっと触れただけで、この繊細に織られた網目をうっかり破ってしまうかもしれないという恐れがあるからこそ、真の歴史家は仕事にかかろうとする際にいたく心をなやますのである。

（「クリオの苑に立って」）

『クリオの顔 歴史随想集』大窪愿二編訳、岩波文庫、一九八六年

カナダの日本史研究家・外交官。宣教師の子として日本に生まれ、日本近代史を研究。第二次大戦後、駐日カナダ大使。マッカーシズムに巻き込まれ自殺。『日本における近代国家の成立』『忘れられた思想家──安藤昌益のこと』ほか。

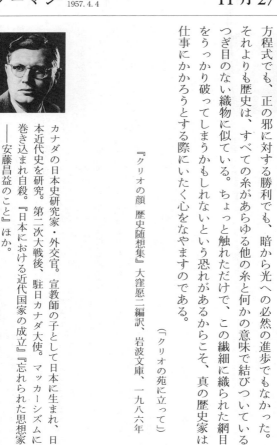

11月28日　レヴィ=ストロース

1908. 11. 28〜
2009. 10. 30

生にとって掛け替えのない解脱の機会、それは……われわれの種《しゅ》がその蜜蜂の勤労を中断することに耐える僅かの間隙に、われわれの種がかつてあり、引き続きあるものの本質を思考の此岸《しがん》、社会の彼岸《ひがん》に捉えることに存している。われわれの作り出したあらゆるものよりも美しい一片の鉱物に見入りながら。百合の花の奥に匂う、われわれの書物よりもさらに学殖豊かな香りのうちに。あるいはまた、ふと心が通い合って、折折一匹の猫とのあいだにも交わすことがある、忍耐と、静穏と、互いの赦《ゆる》しの重い瞬《まばた》きのうちに。

『悲しき熱帯』(下)、川田順造訳、中央公論社、一九七七年

フランスの文化人類学者。人類学に構造主義的方法を導入し、親族の研究や神話の構造分析を行い、その影響は人類学にとどまらず人文諸科学の広い分野に及ぶ。『親族の基本構造』『悲しき熱帯』『神話学』など。

エピクロス 前341頃〜前270頃 11月29日

若者がではなくて、美しく生を送ってきた老人こそが、祝福されていると考うべきである。というのは、男盛りの若者は、考えが定まらず、運によって、激しく弄《もてあそ》ばれるが、老人は、かつては期待することすらむつかしかった善いことどもを、損われることなく安全に感謝の念によって包み、老齢を、あたかも泊り場として、そこに憩《いこ》うているからである。

『エピクロス 教説と手紙』出隆・岩崎允胤訳、岩波文庫、一九五九年

ギリシアの唯物論哲学者。善とは快楽であるが、真の快楽とは放埓な欲望の充足ではなく、むしろ欲望から解放された平静な心境(アタラクシア)にあるとした。

11月30日　エイゼンシュテイン　1898〜1948. 2. 11

わたしは書物をたいへん大事にしたので、ついには彼らのほうもお返しにわたしを愛するようになった。

書物は熟しきった果実のようにわたしの手のなかではじけ、あるいは、魔法の花のように花びらをひろげて行く。そして、創造力をあたえる思想をもたらし、言葉をあたえ、引用を供給し、物事を実証してくれる。

（「自伝のための回想録」）

『エイゼンシュテイン全集』1、全集刊行委員会訳、キネマ旬報社、一九七三年

ソ連映画の開拓者。国立映画研究所長。そのモンタージュ理論は映画芸術に大きな影響を与えた。作『戦艦ポチョムキン』『イワン雷帝』など。

12　月

ウディ・アレン 1935.12.1〜

この宇宙は、神の頭をかすめていく思いつきのひとつにすぎない。これはかなり不愉快な考えである――もし、あなたがマイホームの頭金を払ったばかりなら、なおさらだ。

＊

もし、ディオニュソス、いま生きてありせば！ どこで彼は食事を取ればいいのだ？

『これでおあいこ』伊藤典夫・浅倉久志訳、河出書房新社、一九九二年

ニューヨーク出身の映画監督・脚本家。みずから出演もする。コメディアンとして出発、舞台やテレビで活躍し、映画に転じた。『アニー・ホール』でアカデミー賞を受賞。『泥棒野郎』『おいしい生活』ほか。

12月2日　エドモン・ロスタン　1868. 4. 1〜1918. 12. 2

哲学者たり、理学者たり、
詩人、剣客、音楽家、
将《は》た天界の旅行者たり、
打てば響く毒舌の名人、
さてはまた私の心なき——恋愛の殉教者！——
エルキュウル・サヴィニヤン・
ド・シラノ・ド・ベルジュラック此処《ここ》に眠る、
彼は全《すべて》なりき、而《しか》して亦《また》空なりき。
……だが、もう逝《い》こう、では失礼、そう待たしてもおけない、御覧なさい、月の光が迎えに来ましたからなあ！

『シラノ・ド・ベルジュラック』辰野隆・鈴木信太郎訳、岩波文庫、一九八三年

フランスの詩人・劇作家。マルセーユ生れ。軽快な韻文劇で知られるが、なかでも一八九七年に上演された『シラノ・ド・ベルジュラック』は大成功をおさめ、文名を一挙に確立した。

石川 淳 1899. 3. 7～1987. 12. 29　12月3日

文人画の芸術家にとって、写生とは単にデッサンの稽古ではなかったのだろう。技術の練磨は生活の発見につながる。芸術と生活との可能はひとしく天地山川の間に求められるべきものであり、一草一木といえどもこの関係からのがれられない。蘭を描き竹を描く。いずれもかくあるべき生活の形態に対応する。技術はどうしても神妙でなくてはならない。描いてへたくそであったとすれば、精神も生活もひでえ目に逢う。伝神の語、ひとをあざむかない所以《ゆえん》である。

（「風景について」）

『夷斎筆談』（『夷斎筆談・夷斎俚言』ちくま学芸文庫、一九九八年）

小説家。『普賢』で芥川賞を受賞し文壇にデビュー。東西にわたる学殖の上に、小説の最前衛の実験を重ねた。戦後は太宰治らとともに新戯作派と呼ばれ、風俗・世相に対する鋭い諷刺を盛った作品を多く発表。ほかに『焼跡のイエス』『至福千年』など。

12月4日　アインシュタイン　1879. 3. 14〜1955. 4. 18

量子力学の成果はたしかに刮目《かつもく》に価します。ただ、私の内なる声に従えば、やはりどうしても本物ではありません。量子論のもたらすところは大なのですが、われわれを神の秘密に一歩とて近づけてくれないのです。いずれにしろ、神はサイコロばくちをしない、と確信しています。（ボルン宛書簡、一九二六年一二月四日付）

『アインシュタイン－ボルン 往復書簡集』西義之・井上修一・横谷文孝訳、三修社、一九七六年

理論物理学者。ユダヤ系ドイツ人として生まれ、特許局の技師の仕事のかたわら、光量子説・ブラウン運動の理論・特殊相対性理論等を研究・発表。ナチスに追われて渡米、相対性理論の一般化を試みた。ノーベル賞受賞。

ウォルト・ディズニー　1901. 12. 5〜 1966. 12. 15　12月5日

「ディズニー」というのは、ある抽象的なもの、人々の心のなかにあるイメージを指している。ディズニーという言葉を聞けば、ある種のエンターテイメント、独特のファミリー・イメージが浮かんでくる。だから、僕自身はもはやディズニーじゃない。昔はディズニーだったけど。

能登路雅子『ディズニーランドという聖地』岩波新書、一九九〇年より

アメリカの映画製作者・監督。アニメーション映画の開拓者。『ミッキー・マウス』『白雪姫』『シンデレラ』ほか。また、遊園地ディズニーランドを建設。

12月6日　フランツ・ファノン

1925. 7. 20〜
1961. 12. 6

「ほら、ニグロ！」。それは通りがかりに私を小突いた外的刺激だった。私はかすかにほほえんだ。

「ほら、ニグロ！」。それは事実だった。私はおもしろがった。

「ほら、ニグロ！」。輪は次第に狭まった。私はあけすけにおもしろがった。

「ママ、見て、ニグロだよ、ぼくこわい！」。こわい！　こわい！　この私が恐れられ始めたのだ。私は腹をかかえて笑おうとした。だがそうできなくなってしまっていた。


（『黒い皮膚・白い仮面』）

海老坂武『フランツ・ファノン』（『人類の知的遺産』78、講談社、一九八一年）

仏領西インド生れの革命思想家・精神科医。『黒い皮膚・白い仮面』で白人社会に生きる黒人の心を描いた。アルジェリア民族解放戦線の指導者となり、第三世界の革命戦略に影響を与えた。『地に呪われたる者』『アフリカ革命』ほか。

与謝野晶子 1878. 12. 7〜 1942. 5. 29

12月7日

その子二十櫛《はたちくし》に流るる黒髪のおごりの春の美くしきかな

清水《きよみづ》へ祇園《ぎをん》をよぎる花月夜こよひ逢ふ人みな美くしき

やは肌のあつき血潮に触れも見でさびしからずや道を説く君

何《なに》となく君に待たるるここちして出でし花野の夕月夜かな

『与謝野晶子歌集』岩波文庫、一九八五年

歌人。大阪・堺市生れ。新詩社に加わり、雑誌『明星』で活躍。清新な格調、大胆奔放な内容の短歌で、近代日本を代表する歌人。大正期に多彩な評論活動をなす。歌集『みだれ髪』などのほか、『源氏物語』の現代語訳も有名。

12月8日

西園寺公望《さいおんじきんもち》 1849. 10. 23〜1940. 11. 24

わたしには時勢を憤《いきどお》って、それを切り開こうとか、狂瀾《きょうらん》を回《めぐら》そうとかいうようなアンビション、希望といいますか、勇気といいますか、それがない、今日でもそうです。時の流れを見る、時の勢いを見る、人心がだらけているなら、それはだらけさせる風潮が時代に漲《みなぎ》っている、これを回転する、逆流させるという豪気努力はわたしの及ぶ所ではない、西園寺が冷淡だと言われる所以《ゆえん》であろうが、自分ではこれを冷淡とは思わない。時流に逆らいもしなければ時流に従いもしない。

小泉策太郎『随筆 西園寺公望公』(『小泉三申全集』3、岩波書店、一九三九年より)

政治家。明治維新の際、軍功を立て、フランスに留学。帰国後、東洋自由新聞社長となるが辞任。政界に入り、二度首相を務める。パリ講和会議首席全権委員。昭和期には最後の元老として内閣首班の奏薦に当った。公爵。

大黒屋光太夫《だいこくやこうだゆう》 1751〜1828.4.15　12月9日

かねて教へられしごとく左の足を折敷《おりしき》、右の膝をたて、手をかさねてさし出せば、女帝右の御手を伸《のべ》、指さきを光太夫が掌《たなごころ》の上にそとのせらるゝを三度舐《ねぶ》るごとくす。これ外国の人初《はじめ》て国王に拝謁《はいえつ》の礼なりとぞ。さてもとの座に退き立居たるに、国王左右に命じて光太夫が願状《ねがいがき》をとり出させ御覧ありて、此疏草《このしたがき》は誰が書《かき》たるや定《さだめ》てキリロならんと有ければ、キリロ謹《つつしん》で渠《かれ》が申《もうす》まゝに草《そう》したる由を答へ申す。又此書面に相違なきやとありければ、キリロ仔細《しさい》も候まじと答へける。時に国王ベンヤシコと宣《のたま》ふ声高く聞へける。是は可憐《あわれむべし》といふ語《ことば》なり。

桂川甫周『北槎聞略《ほくさぶんりゃく》』亀井高孝校訂、岩波文庫、一九九〇年

江戸後期、伊勢の船頭。天明二年一二月九日(一七八三年一月一一日)、江戸に向けて出航した神昌丸が遭難し、アリューシャン列島に漂着。その後ロシアに滞留。一七九二年帰国し、見聞を具申した。『北槎聞略』はその記録。

12月10日　チャールズ・ラム 1775. 2. 10～1834. 12. 25

私は、女々しいまでに、古陶器に惚れこんでいる。どこか大きなお屋敷を拝見にでかけると、まず陶器戸棚のことをたずね、つぎが画廊である。人間にはすべて、習い覚えて身についたものとはっきり思い出せないほど古い昔の趣味が、なにかしらあるものであるとでも言うほか、私には、この好みの順序の説明のしようがない。

（「古陶器」）

『エリア随筆』（大人の本棚『エリア随筆抄』山内義雄訳、みすず書房、二〇〇二年）

イギリスの随筆家・評論家。永らく東インド会社に勤務。狂気の発作から母を刺殺した姉メアリを護って生涯独身。随筆文学の傑作『エリア随筆』のほか、姉との共著『シェークスピア物語』などがある。

トゥキュディデス 前460頃〜前400頃 12月11日

されば今ここで諸君の決心を要求する。身に害を蒙るまえに屈服するか、それとも、私がよしと判断するように、戦うか、そして若《も》し戦うとすれば、原因の軽重《けいちょう》いかんにかかわらず妥協を排し、汲々《きゅうきゅう》たる現状維持を忌否する態度を決して貫いたい。なぜならば、対等たるべき間柄の一国が他の国に、法的根拠もない要求を強《し》いれば、事の大小如何《いかん》にかかわらず、これは相手に隷属《れいぞく》を強いることにひとしい。

『戦史』(上)、久保正彰訳、岩波文庫、一九六六年

ツキジデスとも。アテナイの歴史家。透徹した史眼と公平・正確な叙述において後世史家の模範となった。主著『戦史』八巻(未完)でペロポネソス戦争の歴史を記述。引用はペリクレスの演説。

12月12日　フローベール　1821.12.12〜1880.5.8

誰だって、自分の欲望、思想、苦痛を正確に示すことはできない。そして、人間の言葉は破《わ》れ鍋《なべ》のようなもので、これをたたいて、み空の星を感動させようと思っても、たかが熊を踊らすくらいの曲しか打ち鳴らすことはできないのである。

『ボヴァリー夫人』(下)、伊吹武彦訳、岩波文庫、一九六〇年

フランスの小説家。写実主義文学の巨匠であり、自然主義文学の先駆者。生来のロマンチックな心情と文体・形式の完璧さへの願望を結びつけた作品を書いた。『ボヴァリー夫人』『感情教育』『聖アントワーヌの誘惑』ほか。

ハイネ 1797. 12. 13〜 1856. 2. 17

12月13日

行動をほこる君たちフランス人よ！　このことはよくおぼえておきたまえ。君たちは知らぬまに、思想家の助手になっているのだ。思想家はごくつつましやかに静まっていながら、君たちのすべての行動をきわめてはっきりと、まえもってきめてしまうことがある。マキシミリアン・ロベスピエールはジャン・ジャック・ルソーの助手にすぎなかった。ルソーがたましいをあたえておいた胎児を、時代の母体からひっぱりだした血まみれの助産婦だった。

『ドイツ古典哲学の本質』伊東勉訳、岩波文庫、一九七三年

ドイツの抒情詩人・評論家。革命的な活動と鋭い社会批評のために弾圧され、一八三一年、パリに亡命。詩集『歌の本』のほか、長詩『アッタ・トロル』『ドイツ冬物語』、評論『ドイツ古典哲学の本質』、紀行『旅の絵』など。

12月14日

九鬼周造《くきしゅうぞう》 1888. 2. 15〜1941. 5. 6

運命によって「諦《あきら》め」を得た「媚《び》態《たい》」が「意気地」の自由に生きるのが「いき」である。人間の運命に対して曇らざる眼をもち、魂の自由に向って悩ましい憧憬《しょうけい》を懐く民族ならずしては媚態をして「いき」の様態を取らしむることはできない。

(『「いき」の構造』)

『「いき」の構造 他二篇』岩波文庫、一九七九年

哲学者。東京生れ。実存哲学の立場から、日本的な美の範疇や文芸の哲学的解明に業績を残す。『「いき」の構造』『偶然性の問題』など。

ザメンホフ 1859. 12. 15～1917. 4. 14

12月15日

……私はルビコン川の岸に立ってる思いでした。この小さい本が出たら、その日からもう私は後へひくことはできない。公衆にたよっている医師の身の上として、公衆から空想家と見られ「よそごと」に気をとられる人間と思われると、どんな運命になるか、わかっています。私と家族のものの生活とこれからの安定をこの一枚の切り札にかけている思いです。しかし私の骨身にしみこんだこの世界語の考えを捨てることはできません。……私はルビコンを渡ったのです。

（『エスペラント第一書』）

伊東三郎『エスペラントの父 ザメンホフ』岩波新書、一九五〇年より

帝政ロシア領時代ポーランドのユダヤ系の眼科医・言語学者。今日もっとも広く使用されている人工の国際語エスペラントの創案者。

12月16日

菅原道真　845. 6. 25〜903. 2. 25

阿満《あまろ》亡《し》にてよりこのかた　夜《よる》も眠《ねぶ》らず
偶《たまたま》眠《ねぶ》れば夢《ゆめ》に遇《あ》ひて　涕漣漣《なんだれんれん》たり
身《み》の長《たけ》　去《い》にし夏《なつ》は三尺《さんじゃく》に余《あま》れり
歯《よわい》立《た》ちて　今《ことし》の春《はる》は七年《しちねん》なるべし
事《こと》に従《したが》ひて　人《ひと》の子《こ》の道《みち》を知《し》らむことを請《こ》ふ
書《ふみ》を読《よ》みて　帝京篇《ていけいへん》を諳誦《あんしょう》したりき
薬《くすり》の沈痛《ちんつう》を治《おさ》むること　纔《わずか》に旬日《じゅんじつ》
風《かぜ》の遊魂《ゆうこん》を引《ひ》く　是《こ》れ九泉《きゅうせん》
尓《それ》より後《のち》　神《かみ》を怨《うら》み兼《か》ねて仏《ほとけ》を怨《うら》みたり　……

（「阿満を夢みる」）

『菅家文草』川口久雄校注（『菅家文草　菅家後集』『日本古典文学大系』72、岩波書店、一九六六年）

平安前期の貴族・学者。右大臣となったが、藤原氏の讒言（ざんげん）により大宰権帥（だざいのごんのそち）に左遷され、配所に没。のち北野天満宮に祭られ学問の神として尊崇される。詩文は『菅家（かんけ）文草』『菅家後集』所収。

エドガー・アラン・ポー 1809.1.19〜1849.10.7 12月17日

雲海は重く低く空に垂れこめ、ひと日、ひねもす、けだるく、日の光とてなく、ひっそりとひそまり返った或る秋の日、私はひとり馬に跨《またが》り、奇妙に人気《ひとけ》のない地方を通りすぎ、ようやく宵闇《よいやみ》せまる頃、陰鬱《いんうつ》なアッシャー家が見える辺りにさしかかった。何故かは知らぬ——が、その建物を一瞥《いちべつ》したとき、耐え難い憂鬱の気が私の心に沁《し》みわたった。

（「アッシャー家の崩壊」）

『黄金虫・アッシャー家の崩壊 他九篇』八木敏雄訳、岩波文庫、二〇〇六年

アメリカの詩人・小説家。怪奇的・幻想的な短編小説、調べの高い音楽的な詩を作り、純粋詩の詩論とともに象徴派などに大きな影響を与えた。詩「大鴉」、短編「アッシャー家の崩壊」「黄金虫（こがねむし）」「黒猫」「モルグ街の殺人」など。

アリストテレス 前384〜前322

だが、愛《フィリア》というものは単にわれわれの生活に不可欠的たるにとどまらず、それはさらに、うるわしい。われわれはすなわち、友人愛に富んだひとびとを賞讃するのであり、多友《ポリュフィリア》ということはうるわしきものごとの一つに数えられている。

『ニコマコス倫理学』(下)、高田三郎訳、岩波文庫、一九七三年

古代ギリシアの哲学者。プラトンの弟子。自然・社会のあらゆる分野を研究し、西欧諸科学の礎(いしずえ)を築いた。『形而上学』『ニコマコス倫理学』をはじめ、論理学・倫理学・政治学・詩学・博物学などに関する多数の著作がある。

ゴッホ 1853. 3. 30〜1890. 7. 29 12月19日

しかし、ぼくはカテドラルよりは人びとの眼を描きたい。カテドラルがいかに荘厳で、圧倒するような印象を与えようと、そこにはない何かが人間の眼にはあるからだ。一人の人間——それが哀れなルンペンであろうと、夜の女であろうと——の魂はぼくの眼にはもっと興味深いものなのだ。

（アントウェルペン　一八八五年一二月一九日ごろ）

『ファン・ゴッホ書簡全集』第四巻、二見史郎訳、みすず書房、一九七〇年

後期印象派の画家。オランダ生れ。晩年はフランスで活動。強烈な色彩と激情的な筆致を特色とする。「ひまわり」「アルルの寝室」ほか。

12月20日

小林秀雄 1902. 4. 11〜1983. 3. 1

天才とは努力し得る才だ、というゲエテの有名な言葉は、殆《ほとん》ど理解されていない。努力は凡才でもするからである。然《しか》し、努力を要せず成功する場合には努力はしまい。彼には、いつもそうあって欲しいのである。天才は寧《むし》ろ努力を発明する。凡才が容易と見る処に、何故、天才は難問を見るという事が屢々《しばしば》起るのか。詮《せん》ずるところ、強い精神は、容易な事を嫌うからだという事になろう。

（『モオツァルト』）

『モオツァルト 他』創元文庫、一九五三年

文芸評論家。フランス象徴主義の影響を受けた正統芸術派を代表し、自我の解釈を軸とした近代批評を創造した点で、昭和文学史上重要な存在。『様々なる意匠』『無常といふ事』『本居宣長』ほか。

坂口安吾 1906. 10. 20〜 1955. 2. 17

12月21日

バルザックやドストエフスキーを読むと、あの多様さを、あの深い根底から縦横無尽に書きまくっているのに、呆然《ぼうぜん》とすることがある。人生への、人の悲しき十字架への全《まった》き肯定から生れてくる尊き悪魔の温かさは私を打つ。

（「ドストエフスキーとバルザック」）

『堕落論・日本文化私観 他二十二篇』岩波文庫、二〇〇八年

小説家。新潟県生れ。『風博士』などのファルス、『吹雪物語』など観念的な作風で知られ、第二次大戦後、在来の形式道徳に反抗して『堕落論』を唱えた。

12月22日　アイスキュロス　前525〜前456

ひとかどの人物とても、幸運の友を、妬《ねた》み心《ごころ》なく立てることは、
なかなか人間生来の性《さが》がゆるさぬ、
悪《あ》しかれと願う邪毒《じゃどく》が、心の臓に坐りこみ、
その病をえた男の重荷を、倍にも多くするもの。
己れの痛みで、己れ自身の心が晴れず、
他人の幸《さち》さいわいを見つめては、呻《うめ》きをかさねる。

『アガメムノーン』久保正彰訳、岩波文庫、一九九八年

古代ギリシアの三大悲劇詩人の一人。その作は宗教的で壮大・深刻。『縛られたプロメテウス』『ペルシア人』など七編が残る。『アガメムノーン』はトロイ戦争から凱旋したミュケナイ王アガメムノーンが妃とその情夫に謀殺される話。

ファーブル 1823. 12. 23〜 1915. 10. 11

12月23日

あなたがたは、研究室で虫をひどい目に合わせたり、こま切れにしたりして、研究していられる。わたしは、セミの声にかこまれ、青空の下で観察しています。あなたがたは、細胞や、原形質を薬品をつかって実験していられる。わたしは、本能のすばらしいあらわれかたを、研究しているのです。あなたがたは、死体をせんさくしていられる。わたしは、生きた生命をしらべているのです。

『昆虫と暮らして』林達夫編訳、岩波少年文庫、一九五六年

フランスの昆虫学者。南仏に暮らし、昆虫、特に蜂などの生態を観察したことで有名。進化論には反対であったが、広く自然研究の方法を教示した功績は大きい。主著『昆虫記』は日本でも広く読まれる。

12月24日

野口英世 1876.11.9〜1928.5.21

今日はクリスマス・イブだ。君がいないので淋しい。君も、僕がいないので淋しかろう。でもぼくは菌を見つけなくちゃならないんだ。……ぼくのことは心配しないで欲しい。良い本を読み、映画やショウに出かけて、淋しさをまぎらわしてくれ、細菌を見つけたらすぐとんで帰る。……フレクスナー先生にさえも手紙を書く時間がないんだ。……これから実験室に帰らねばならぬからこれで……。

（メリー宛書簡、一九二七年一二月二四日）

中山茂『野口英世』同時代ライブラリー、岩波書店、一九九五年より

細菌学者。伝染病研究所を経て渡米。梅毒スピロヘータの純粋培養に成功。また、進行性麻痺および脊髄癆（ろう）が梅毒性疾患であることを証明した。アフリカ西部のアクラで黄熱病原研究の際に感染して病没。

チャップリン 1889. 4. 16〜 1977. 12. 25　12月25日

もし一人の人間を殺せば、それは人殺しになる。だが数百万人の人間を殺せば、英雄としてほめたたえられる。女や子供たちを虐殺する爆弾を発明したやつは祝福される。この世界で成功するためには、組織的にやりさえすればいいのだ……。

（『チャップリンの殺人狂時代』）

ジョルジュ・サドゥール『チャップリン　増補版』鈴木力衛・清水馨訳、岩波書店、一九八二年より

映画俳優・監督。ロンドン生れ。哀調をたたえた滑稽味をもつ独特のしぐさと扮装で、弱者・貧者の悲哀と現代西欧社会の不平等への怒りを表現した。作品に『黄金狂時代』『街の灯』『モダン・タイムス』『ライムライト』など。

12月26日

和辻哲郎 1889. 3. 1〜1960. 12. 26

わたくしたちは引きよせられるように近々と厨子《ずし》の垂れ幕に近づいてその顔を見上げた。われわれ自身の体に光線がさえぎられて、薄暗くなっている厨子のなかに、悠然として異様な生気を帯びた顔が浮かんでいる。その眉にも眼にも、また特に頬にも唇にも、幽《かす》かな、しかし刺すように印象の鋭い、変な美しさを持った微笑が漂《ただよ》うている。

『古寺巡礼』岩波文庫、一九七九年

倫理学者。兵庫県生れ。夏目漱石の門に入る。東洋大・京大・東大教授。人間存在を間柄として捉え徳論の展開に特色がある。文化史にも業績が多い。著『古寺巡礼』『日本精神史研究』『風土』『倫理学』『日本倫理思想史』など。文化勲章受章。引用は、法隆寺の夢殿観音の印象を述べたもの。

キルケゴール 1813. 5. 5〜1855. 11. 11

12月27日

ぼくは子供と話すのが最も好きだ。彼らからは、彼らがいつか理性的存在になりうることを期待できるからだ。しかし理性的存在になった者たちときては——やれやれ！

（『あれかこれか』）

『キルケゴール著作集』第一巻、浅井真男訳、白水社、一九六三年

デンマークの思想家。すべてを一つの全体に組みこもうとするヘーゲル哲学に反対して、かけがえのない自己の実存にこだわりつづけ、のちの実存哲学・弁証法神学に大きな影響を与えた。辛辣な文筆家でもあった。『反復』『不安の概念』『死に至る病』『現代の批判』など。

タルコフスキー 1932.4.4〜1986.12.28

大好きなパパ　　　　　　　　　　四二年四月三〇日

こっちはみんなとっても元気。ママはボルガ川のほとりにつるこけももをとりにいくんだ。

僕たちも夏休みになったら村にいくんだよ。ママはコルホーズで働くし、僕もできたらそこで働くよ。パパは僕にフランス語を勉強するように言うけど、僕はピアノを練習しているよ。そして遊んでいるし、マリーナとはもうけんかしていない。パパ、早く戦争から帰ってきて！　ママとマリーナと僕はモスクワに早く帰りたい。

マリーナは、服をつくっているよ。

強く強くキスします　　　　パパのアンドレイ

『タルコフスキー　若き日、亡命、そして死』馬場朝子編訳、青土社、一九九七年

ソ連の映画監督。『僕の村は戦場だった』で国際的に認められる。一九八四年、西側に亡命。ほかに『惑星ソラリス』『鏡』『ノスタルジア』など。

アリストパネス　前445頃〜前385頃　12月29日

心を蕩《とろ》かすエロースさまとキュプロス生れの愛の女神が、わたしどもの胸と膝とに魅惑《みわく》の気をば吹きかけて、男たちの心中に甘い情念、棍棒使いの心をば醸《かも》し出してくだされば、わたしどもはギリシア人のあいだで平和の女神と呼ばれるでしょうよ。

『女の平和』高津春繁訳、岩波文庫、一九七五年

古代ギリシアの喜劇作者。ペロポネソス戦争前後のアテナイ動揺期に際し、『雲』『平和』『鳥』『女の平和』『蛙』などの作で、辛辣無比な諷刺、社会批判を試みた。

12月30日

ロマン・ロラン 1866. 1. 29〜1944. 12. 30

「叔父さん、どうしたらいいでしょう？　僕は望んだ、たたかった。そして一年たっても、やはり前と同じ所にいる。いや同じ所にもいない！　退歩してしまった。僕はなんの役にもたたない、なんの役にもたたないんです。……」

……ゴットフリートはやさしく言った。「そんなことはこんどきりじゃないよ。人は望むとおりのことができるものではない。望む、また生きる、それは別々だ。くよくよするもんじゃない。肝腎《かんじん》なことは、ねえ、望んだり生きたりするのに飽きないことだ。その他のことは私たちの知ったことじゃない。」（第三章「青年」）

『ジャン・クリストフ』㈠、豊島与志雄訳、岩波文庫、一九八六年

フランスの作家・評論家。人道主義者として国際平和運動の先頭に立った。『ジャン・クリストフ』『魅せられたる魂』『愛と死との戯れ』『ベートーヴェンの生涯』『ミケランジェロの生涯』ほか。ノーベル賞受賞。

井原西鶴 1642〜1693. 8. 10

世の定めとて大晦日《おおつごもり》は闇《やみ》なる事、天《あま》の岩戸の神代このかた、しれたる事なるに、人みな常に渡世《とせい》を油断《ゆだん》して、毎年ひとつの胸算用《むねざんよう》ちがひ、節季を仕廻《しまい》かね迷惑《めいわく》するは、面々覚悟《めんめんかくご》あしき故《ゆえ》なり。一日千金に替《かえ》がたし。銭銀《ぜにかね》なくては越《こさ》れざる冬と春との峠《とうげ》、是借銭《しゃくせん》の山高ふしてのぼり兼《かね》たるほだし。

（「問屋の寛闊《かんかつ》女」）

『世間胸算用』巻一、野間光辰校注（『西鶴集』㊦、『日本古典文学大系』48、岩波書店、一九六〇年）

江戸前期の浮世草子作者・俳人。大坂の人。談林風を学ぶ。浮世草子の作品は雅俗語を折衷、従来の物語の伝統を破って、性欲・物欲に支配されていく人間性をいきいきと描いた。『好色一代男』『好色五人女』『日本永代蔵（にっぽんえいたいぐら）』『世間胸算用』ほか。

岩波文庫の最新刊

大岡 信著
折々のうた 三六五日
―日本短詩型詞華集

現代人の心に響く詩歌の宝庫『折々のうた』。その中から三六五日それぞれにふさわしい詩歌を著者自らが選び抜き、鑑賞の手引きを付しました。〔カラー版〕 〔緑二〇二-五〕 定価一三〇九円

池澤夏樹訳
カヴァフィス詩集

二〇世紀初めのアレクサンドリアに生きた孤高のギリシャ詩人カヴァフィスの全一五四詩。歴史を題材にしたアイロニーの色調、そして同性愛者の官能と哀愁。 〔赤N七三五-一〕 定価一三六四円

太宰 治作／安藤 宏編
走れメロス・東京八景 他五篇

誰もが知る〈友情〉の物語「走れメロス」、自伝的小説「東京八景」ほか、「駈込み訴え」「清貧譚」など傑作七篇。〈太宰入門〉として最適の一冊。（注・解説＝安藤宏） 〔緑九〇-一〇〕 定価七九二円

ゲルツェン著／金子幸彦・長縄光男訳
過去と思索（五）

家族の悲劇に見舞われたゲルツェンはロンドンへ。「四八年」が遠く中で、革命の夢をなおも追い求める亡命者たち。彼らを見る目は冷え冷えとしている。（全七冊） 〔青N六一〇-六〕 定価一五七三円

……今月の重版再開……

アナトール・フランス作／大塚幸男訳
神々は渇く
定価一三六四円 〔赤五四三-三〕

J・S・ミル著／大内兵衛、大内節子訳
女性の解放
定価八五八円 〔白一一六-七〕

定価は消費税 10％ 込です　2024. 12

《歴史・地理》〔青〕

新訂 魏志倭人伝・後漢書倭伝・宋書倭国伝・隋書倭国伝 —中国正史日本伝1 石原道博編訳
新訂 旧唐書倭国日本伝・宋史日本伝・元史日本伝 —中国正史日本伝2 石原道博編訳
ヘロドトス 歴史 全三冊 松平千秋訳
トゥーキュディデース 戦史 全三冊 久保正彰訳
ガリア戦記 カエサル 近山金次訳
タキトゥス 年代記 —ティベリウス帝からネロ帝へ 全二冊 国原吉之助訳
ランケ世界史概観 —近世史の諸時代 鈴木成高・相原信作訳
ランケ自伝 林健太郎訳
歴史における個人の役割 プレハーノフ 木原正雄訳
古代への情熱 —シュリーマン自伝 シュリーマン 村田数之亮訳
大君の都 —幕末日本滞在記 全三冊 オールコック 山口光朔訳
アーネスト・サトウ 一外交官の見た明治維新 全二冊 坂田精一訳
ベルツの日記 全二冊 トク・ベルツ編 菅沼竜太郎訳
武家の女性 山川菊栄
インディアスの破壊についての簡潔な報告 ラス・カサス 染田秀藤訳
ラス・カサス インディアス史 全七冊 長南実訳 石原保徳編

インディアスの破壊をめぐる賠償義務論 —十二の疑問に答える ラス・カサス 染田秀藤訳
コロンブス 全航海の報告 林屋永吉訳
大森貝塚 —付 関連史料 E・S・モース 近藤義郎・佐原真編訳
ナポレオン言行録 オクターヴ・オブリ編 大塚幸男訳
中世的世界の形成 石母田正
日本の古代国家 石母田正
平家物語 他六篇 石母田正 高橋昌明編
クリオの顔 —歴史随想集 E・H・ノーマン 大窪愿二編訳
日本における近代国家の成立 E・H・ノーマン 大窪愿二訳
旧事諮問録 —江戸幕府役人の証言 全二冊 旧事諮問会編 進士慶幹校注
ローマ皇帝伝 全二冊 スエトニウス 国原吉之助訳
アリランの歌 —ある朝鮮人革命家の生涯 ニム・ウェールズ キム・サン 松平いを子訳
さまよえる湖 全二冊 ヘディン 福田宏年訳
老松堂日本行録 —朝鮮使節の見た中世日本 宋希璟 村井章介校注
十八世紀パリ生活誌 —タブロー・ド・パリ 全二冊 メルシエ 原宏編訳
ヨーロッパ文化と日本文化 ルイス・フロイス 岡田章雄訳注
ギリシア案内記 全二冊 パウサニアス 馬場恵二訳

オデュッセウスの世界 フィンリー 下田立行訳
東京に暮す —一九二八～一九三六 キャサリン・サンソム 大久保美春訳
ミカド —日本の内なる力 W・E・グリフィス 亀井俊介訳
増補 幕末百話 篠田鉱造
幕末明治 女百話 全二冊 篠田鉱造
日本中世の村落 清水三男 大山喬平・馬田綾子校注
トゥバ紀行 メンヒェン＝ヘルフェン 田中克彦訳
徳川時代の宗教 R・N・ベラー 池田昭訳
ある出稼石工の回想 マルタン・ナド 喜安朗訳
革命的群衆 G・ルフェーヴル 二宮宏之訳
植物巡礼 —プラント・ハンターの回想 F・キングドン－ウォード 塚谷裕一訳
日本滞在日記 —一八〇四—一八〇五 レザーノフ 大島幹雄訳
モンゴルの歴史と文化 ハイシッヒ 田中克彦訳
歴史序説 全四冊 イブン＝ハルドゥーン 森本公誠訳
ダンピア 最新世界周航記 全二冊 平野敬一訳
ローマ建国史 全三冊(既刊上巻) リーウィウス 鈴木一州訳
元治夢物語 —幕末同時代史 馬場文英 徳田武校注

国家と神話 全二冊　カッシーラー　熊野純彦訳
天才・悪　ブレンターノ　篠田英雄訳
人間の頭脳活動の本質 他一篇　ディーツゲン　小松摂郎訳
反啓蒙思想 他二篇　バーリン　松本礼二編
マキアヴェッリの独創性 他三篇　バーリン　川出良枝編
ロシア・インテリゲンツィヤの誕生 他五篇　バーリン　桑野隆編
論理哲学論考　ウィトゲンシュタイン　野矢茂樹訳
自由と社会的抑圧　シモーヌ・ヴェイユ　冨原眞弓訳
根をもつこと 全二冊　シモーヌ・ヴェイユ　冨原眞弓訳
重力と恩寵　シモーヌ・ヴェイユ　冨原眞弓訳
全体性と無限 全二冊　レヴィナス　熊野純彦訳
啓蒙の弁証法 ―哲学的断想　M・ホルクハイマー T・W・アドルノ　徳永恂訳
ヘーゲルからニーチェへ ―十九世紀思想における革命的断絶 全二冊　レーヴィット　三島憲一訳
統辞構造論 付『言語理論の論理構造』序論　チョムスキー　福井直樹 辻子美保子訳
統辞理論の諸相 方法論序説　チョムスキー　福井直樹 辻子美保子訳
快楽について　ロレンツォ・ヴァッラ　近藤恒一訳
ニーチェ みずからの時代と闘う者　ルドルフ・シュタイナー　高橋巖訳

フランス革命期の公教育論　コンドルセ他　阪上孝編訳
人間の教育 全二冊　フレーベル　荒井武訳
旧約聖書 創世記　関根正雄訳
旧約聖書 出エジプト記　関根正雄訳
旧約聖書 ヨブ記　関根正雄訳
旧約聖書 詩篇　関根正雄訳
新約聖書 福音書　塚本虎二訳
文語訳 新約聖書 詩篇付
文語訳 旧約聖書 全四冊
キリストにならいて　トマス・ア・ケンピス　大沢章 呉茂一訳
聖アウグスティヌス 告白 全二冊　服部英次郎訳
アウグスティヌス 神の国 全五冊　服部英次郎 藤本雄三訳
新訳 キリスト者の自由・聖書への序言　マルティン・ルター　石原謙訳
キリスト教と世界宗教　シュヴァイツェル　鈴木俊郎訳
カルヴァン小論集　波木居斉二編訳
聖なるもの　オットー　久松英二訳
コーラン 全三冊　井筒俊彦訳

エックハルト説教集　田島照久編訳
ムハンマドのことば ハディース　小杉泰編訳
新約聖書外典 ナグ・ハマディ文書抄　荒井献 大貫隆 小林稔 筒井賢治 編訳
後期資本主義における正統化の問題　ハーバーマス　山田正行・金慧訳
シンボルの哲学 ―理性、祭礼、芸術のシンボル試論　S・K・ランガー　塚本明子訳
ジャック・ラカン 精神分析の四基本概念 全二冊　ジャック＝アラン・ミレール編　小出浩之 新宮一成 鈴木國文 小川豊昭 訳
精神と自然 生きた世界の認識論　グレゴリー・ベイトソン　佐藤良明訳
精神の生態学へ 全三冊　グレゴリー・ベイトソン　佐藤良明訳
人間の知的能力に関する試論 全二冊　トマス・リード　戸田剛文訳
開かれた社会とその敵 全四冊　カール・ポパー　小河原誠訳

純粋理性批判 全三冊	カント / 篠田英雄訳
カント 実践理性批判	波多野精一・宮本和吉・篠田英雄訳
判断力批判 全二冊	カント / 篠田英雄訳
永遠平和のために	カント / 宇都宮芳明訳
プロレゴメナ	カント / 篠田英雄訳
人倫の形而上学 全二冊	カント / 熊野純彦・宮村悠介訳
シュライエルマッハー 独白	木場深定訳
ヘーゲル 政治論文集 全二冊	金子武蔵訳
哲学史序論 —哲学と哲学史	ヘーゲル / 武市健人訳
歴史哲学講義 全二冊	ヘーゲル / 長谷川宏訳
法の哲学 —自然法と国家学の要綱	ヘーゲル / 上妻精・佐藤康邦・山田忠彰訳
学問論	シェリング / 西川富雄・藤田正勝監訳
自殺について 他四篇	ショウペンハウエル / 斎藤信治訳
読書について 他二篇	ショウペンハウエル / 斎藤忍随訳
知性について 他四篇	ショーペンハウエル / 細谷貞雄訳
不安の概念	キェルケゴール / 斎藤信治訳
死に至る病	キェルケゴール / 斎藤信治訳

体験と創作 全二冊	ディルタイ / 柴田治三郎・小牧健夫訳
眠られぬ夜のために 全二冊	ヒルティ / 草間平作・大和邦太郎訳
幸福論 全三冊	ヒルティ / 草間平作・大和邦太郎訳
悲劇の誕生	ニーチェ / 秋山英夫訳
ツァラトゥストラはこう言った 全二冊	ニーチェ / 氷上英廣訳
道徳の系譜	ニーチェ / 木場深定訳
善悪の彼岸	ニーチェ / 木場深定訳
この人を見よ	ニーチェ / 手塚富雄訳
プラグマティズム	W・ジェイムズ / 桝田啓三郎訳
宗教的経験の諸相 全二冊	W・ジェイムズ / 桝田啓三郎訳
日常生活の精神病理	フロイト / 高田珠樹訳
精神分析入門講義 全二冊	フロイト / 高田珠樹・新宮一成・須藤訓任・道籏泰三訳
純粋現象学及現象学的哲学考案 全二冊	フッセル / 池上鎌三訳
デカルト的省察	フッサール / 浜渦辰二訳
愛の断想・日々の断想	ジンメル / 清水幾太郎訳
ジンメル宗教論集	深澤英隆編訳
笑い	ベルクソン / 林達夫訳

道徳と宗教の二源泉	ベルクソン / 平山高次訳
物質と記憶	ベルクソン / 熊野純彦訳
時間と自由	ベルクソン / 中村文郎訳
ラッセル教育論	安藤貞雄訳
ラッセル幸福論	安藤貞雄訳
存在と時間 全四冊	ハイデガー / 熊野純彦訳
学校と社会	デューイ / 宮原誠一訳
民主主義と教育 全二冊	デューイ / 松野安男訳
我と汝・対話	マルティン・ブーバー / 植田重雄訳
アラン 幸福論	神谷幹夫訳
アラン 定義集	神谷幹夫訳
天才の心理学	E・クレッチュマー / 内村祐之訳
英語発達小史	H・ブラッドリ / 寺澤芳雄訳
日本の弓術	オイゲン・ヘリゲル述 / 柴田治三郎訳
似て非なる友について 他三篇	プルタルコス / 柳沼重剛訳
ことばのロマンス —英語の語源	ウィークリー / 寺澤芳雄・出淵博訳
ヴィーコ 学問の方法	上村忠男・佐々木力訳

《哲学・教育・宗教》〔青〕

ソクラテスの弁明・クリトン　プラトン　久保勉訳
ゴルギアス　プラトン　加来彰俊訳
饗宴　プラトン　久保勉訳
テアイテトス　プラトン　田中美知太郎訳
パイドロス　プラトン　藤沢令夫訳
メノン　プラトン　藤沢令夫訳
国家　全二冊　プラトン　藤沢令夫訳
プロタゴラス　―ソフィストたち　プラトン　藤沢令夫訳
パイドン　―魂の不死について　プラトン　岩田靖夫訳
アナバシス　―敵中横断六〇〇〇キロ　クセノポン　松平千秋訳
アリストテレス　ニコマコス倫理学　全二冊　高田三郎訳
アリストテレス　形而上学　全二冊　出隆訳
アリストテレス　弁論術　戸塚七郎訳
アリストテレース詩学・ホラーティウス詩論　松本仁助・岡道男訳
物の本質について　ルクレーティウス　樋口勝彦訳
エピクロス　―教説と手紙　出隆・岩崎允胤訳

生の短さについて　他二篇　セネカ　大西英文訳
怒りについて　他二篇　セネカ　兼利琢也訳
エピクテトス　人生談義　全二冊　國方栄二訳
人さまざま　テオプラストス　森進一訳
マルクス・アウレーリウス　自省録　神谷美恵子訳
老年について　キケロー　中務哲郎訳
友情について　キケロー　中務哲郎訳
弁論家について　全二冊　キケロー　大西英文訳
平和の訴え　エラスムス　箕輪三郎訳
エラスムス＝トマス・モア往復書簡　沓掛良彦・高田康成訳
方法序説　デカルト　谷川多佳子訳
哲学原理　デカルト　桂寿一訳
精神指導の規則　デカルト　野田又夫訳
情念論　デカルト　谷川多佳子訳
パンセ　全三冊　パスカル　塩川徹也訳
パスカル　小品と手紙　塩川徹也・望月ゆか訳
スピノザ　神学・政治論　全二冊　畠中尚志訳

知性改善論　スピノザ　畠中尚志訳
スピノザ　エチカ（倫理学）　全二冊　畠中尚志訳
スピノザ　国家論　畠中尚志訳
スピノザ往復書簡集　畠中尚志訳
デカルトの哲学原理　―附 形而上学的思想　スピノザ　畠中尚志訳
スピノザ　神・人間及び人間の幸福に関する短論文　畠中尚志訳
モナドロジー　他二篇　ライプニッツ　谷川多佳子・岡部英男訳
ノヴム・オルガヌム（新機関）　ベーコン　桂寿一訳
市民の国について　全二冊　ヒューム　小松茂夫訳
自然宗教をめぐる対話　ヒューム　犬塚元訳
君主の統治について　―謹んでキプロス王に捧げる　トマス・アクィナス　柴田平三郎訳
精選 神学大全　全四冊　トマス・アクィナス　山本芳久編　稲垣良典／訳
エミール　全三冊　ルソー　今野一雄訳
人間不平等起原論　ルソー　本田喜代治・平岡昇訳
ルソー　社会契約論　桑原武夫・前川貞次郎訳
言語起源論　―旋律と音楽的模倣について　ルソー　増田真訳
ディドロ　絵画について　佐々木健一訳

読書子に寄す

——岩波文庫発刊に際して——

岩波茂雄

真理は万人によって求められることを自ら欲し、芸術は万人によって愛されることを自ら望む。かつては民を愚昧ならしめるために学芸が最も狭き堂宇に閉鎖されたことがあった。今や知識と美とを特権階級の独占より奪い返すことはつねに進取的なる民衆の切実なる要求である。岩波文庫はこの要求に応じそれに励まされて生まれた。それは生命ある不朽の書を少数者の書斎と研究室とより解放して街頭にくまなく立たしめ民衆に伍せしめるであろう。近時大量生産予約出版の流行を見る。その広告宣伝の狂態はしばらくおくも、後代にのこすと誇称する全集がその編集に万全の用意をなしたるか。千古の典籍の翻訳企図に敬虔の態度を欠かざりしか。さらに分売を許さず読者を繋縛して数十冊を強うるがごとき、はたしてその揚言する学芸解放のゆえんなりや。吾人は天下の名士の声に和してこれを推挙するに躊躇するものである。このときにあたって、岩波書店は自己の責務のいよいよ重大なるを思い、従来の方針の徹底を期するため、すでに十数年以前より志して来た計画を慎重審議この際断然実行することにした。吾人は範をかのレクラム文庫にとり、古今東西にわたって文芸・哲学・社会科学・自然科学等種類のいかんを問わず、いやしくも万人の必読すべき真に古典的価値ある書をきわめて簡易なる形式において逐次刊行し、あらゆる人間に須要なる生活向上の資料、生活批判の原理を提供せんと欲する。この文庫は予約出版の方法を排したるがゆえに、読者は自己の欲する時に自己の欲する書物を各個に自由に選択することができる。携帯に便にして価格の低きを最主とするがゆえに、外観を顧みざるも内容に至っては厳選最も力を尽くし、従来の岩波出版物の特色をますます発揮せしめようとする。この計画たるや世間の一時の投機的なるものと異なり、永遠の事業として吾人は微力を傾倒し、あらゆる犠牲を忍んで今後永久に継続発展せしめ、もって文庫の使命を遺憾なく果たさしめることを期する。芸術を愛し知識を求むる士の自ら進んでこの挙に参加し、希望と忠言とを寄せられることは吾人の熱望するところである。その性質上経済的には最も困難多きこの事業にあえて当たらんとする吾人の志を諒として、その達成のため世の読書子とのうるわしき共同を期待する。

昭和二年七月

一日一文《いちにちいちぶん》 英知《えいち》のことば　岩波文庫別冊 24

2018 年 12 月 14 日　第 1 刷発行
2024 年 12 月 5 日　第 9 刷発行

編　者　木《き》田《だ》 元《げん》

発行者　坂本政謙

発行所　株式会社 岩波書店
〒101-8002 東京都千代田区一ツ橋 2-5-5
案内 03-5210-4000　営業部 03-5210-4111
文庫編集部 03-5210-4051
https://www.iwanami.co.jp/

印刷 製本・法令印刷　カバー・精興社

ISBN 978-4-00-350027-9　Printed in Japan

索　　引

50音順の配列とし，長音符は無視した．

Virginia Woolf　6月13日
ヴァーツラフ・ハヴェル
Václav Havel　9月2日
ヴァレリー
Paul Valéry　7月20日
ウィトゲンシュタイン
Ludwig Wittgenstein
4月29日
ウィーナー
Norbert Wiener　11月26日
ウィリアム・ジェームズ
William James　1月11日
ウィリアム・モリス
William Morris　10月3日
ヴェイユ
Simone Weil　8月24日
ヴェーバー
Max Weber　6月14日
ウェルズ
Orson Welles　10月10日
ヴェルレーヌ
Paul-Marie Verlaine
3月30日
ヴォルテール
Voltaire　5月30日
ウォルト・ディズニー
Walt Disney　12月5日
ウォールトン
Izaak Walton　10月29日
内田百閒　5月29日
内村鑑三　2月13日
ウディ・アレン
Woody Allen　12月1日
ウルフ
Virginia Woolf　6月13日
ウンベルト・エーコ
Umberto Eco　1月5日

エ

エイゼンシュテイン
Sergei Mikhailovich
Eizenshtein　11月30日
エウリピデス
Euripidēs　11月4日
エーコ　Umberto Eco　1月5日
エックハルト
Johannes Eckhart　5月16日
エドガー・アラン・ポー
Edgar Allan Poe　12月17日
エドマンド・バーク
Edmund Burke　7月8日
エドモン・ロスタン
Edmond Rostand　12月2日
エピクロス
Epikuros　11月29日
エラスムス
Desiderius Erasmus
10月28日
エリオット
Thomas Stearns Eliot
9月26日
エリック・ホッファー

シュリーマン
Heinrich Schliemann 8月30日
シュンペーター
Joseph Alois Schumpeter 2月8日
ジョイス
James Joyce 1月13日
ショウ
George Bernard Shaw 7月26日
ジョージ・オーウェル
George Orwell 1月21日
ショーペンハウアー
Arthur Schopenhauer 9月21日
ジョンソン
Samuel Johnson 7月14日
ジョン・ロック
John Locke 8月29日
シレジウス
Silesius Angelus 5月15日
ジンメル
Georg Simmel 8月4日
親　鸞 4月20日

ス

スウィフト
Jonathan Swift 10月19日
菅原道真 12月16日
鈴木大拙 7月12日
スタインベック
John Steinbeck 2月27日
スタンダール
Stendhal 1月23日
スピノザ
Baruch de Spinoza 11月24日
スミス Adam Smith 6月5日

セ

世阿弥 8月8日
清少納言 1月16日
セザンヌ
Paul Cézanne 10月22日
セネカ
Lucius Annaeus Seneca 2月18日
セルバンテス
Miguel de Cervantes Saavedra 10月9日
千利休 10月1日

ソ

荘　子 7月5日
ソクラテス Sōkratēs 3月21日
ソポクレス Sophoklēs 8月7日
ソロー
Henry David Thoreau 10月13日
孫　子 11月25日

バフチーン
Mikhail M. Bakhtin 3月7日
ハマーショルド
Dag H. A. C. Hammarskjöld
9月18日
林達夫 11月20日
林芙美子 6月28日
バーリン
Isaiah Berlin 6月6日
バルザック
Honoré de Balzac 5月20日
バルト
Roland Barthes 2月22日
パール・バック
Pearl Buck 6月26日
ハンナ・アーレント
Hannah Arendt 10月14日

ヒ

ピアス
Ann Philippa Pearce
8月20日
樋口一葉 7月17日
ヒューム
David Hume 4月10日
平塚らいてう 3月15日

フ

ブーアスティン
Daniel J. Boorstin 1月10日
ファノン
Frantz Fanon 12月6日
ファーブル
Jean Henri Fabre 12月23日
ファラデー
Michael Faraday 9月22日
フィリパ・ピアス
Ann Philippa Pearce
8月20日
フォークナー
William Faulkner 9月6日
フォースター
Edward Morgan Forster
6月7日
福沢諭吉 2月3日
プーシキン
Aleksandr S. Pushkin
2月10日
藤原定家 9月10日
蕪　村 4月25日
二葉亭四迷 2月15日
ブッダ 4月8日
ブーバー
Martin Buber 3月13日
フラー
Buckminster Fuller
7月27日
プラトン Platōn 1月2日
フランクリン
Benjamin Franklin 1月17日
フランクリン・ルーズヴェルト
Franklin Delano Roosevelt

1月20日
フランシス・ベーコン
Francis Bacon　1月22日
フランツ・ファノン
Frantz Fanon　12月6日
ブリア＝サヴァラン
A. Brillat-Savarin
10月25日
プルースト
Marcel Proust　7月10日
プレヴェール
Jacques Prévert　2月4日
フロイト
Sigmund Freud　6月24日
ブロツキー
Iosif A. Brodskii　8月2日
ブロック
Marc Bloch　6月16日
フローベール
Gustave Flaubert　12月12日
フロム
Erich Fromm　3月18日

へ

ベケット
Samuel Beckett　4月13日
ヘーゲル
Georg Wilhelm Friedrich
Hegel　11月14日
ベーコン
Francis Bacon　1月22日
ヘッセ
Hermann Hesse　8月9日
ヘディン
Sven A. Hedin　2月19日
ベートーヴェン
Ludwig van Beethoven
8月11日
ベネディクト
Ruth Benedict　9月17日
ヘミングウェイ
Ernest Hemingway
8月13日
ヘラクレイトス
Hērakleitos　5月18日
ベルクソン
Henri Louis Bergson
4月18日
ヘルダーリン
Friedrich Hölderlin
7月30日
ベルレーヌ
→ヴェルレーヌ　3月30日
ヘレン・ケラー
Helen Adams Keller　6月1日
ヘロドトス
Hērodotos　4月12日
ベンヤミン
Walter Benjamin　7月15日
ヘンリー・ジェームズ
Henry James　4月15日

David Riesman　5月10日
リード
Herbert Read　6月12日
李　白　3月10日
良　寛　1月6日
リルケ
Rainer Maria Rilke
9月11日
リンカーン
Abraham Lincoln　11月19日

ル

ルイス・キャロル
Lewis Carroll　1月27日
ルクレティウス
Titus Lucretius Carus
6月4日
ル・コルビュジエ
Le Corbusier　10月6日
ルーズヴェルト
Franklin Delano Roosevelt
1月20日
ルース・ベネディクト
Ruth Benedict　9月17日
ルソー
Jean-Jacques Rousseau
7月2日
ルター
Martin Luther　11月10日

レ

レイチェル・カーソン
Rachel Louise Carson
4月14日
レヴィ＝ストロース
Claude Lévi-Strauss
11月28日
レオナルド・ダ・ヴィンチ
Leonardo da Vinci　6月20日
レーニン
Vladimir Il'ich Lenin
4月22日
蓮　如　2月25日

ロ

老　子　6月3日
魯　迅　9月25日
ロスタン
Edmond Rostand　12月2日
ロダン
Auguste Rodin　11月17日
ロック John Locke　8月29日
ロバート・キャパ
Robert Capa　5月25日
ロマン・ロラン
Romain Rolland　12月30日
ロラン・バルト
Roland Barthes　2月22日
ロレンス
David Herbert Lawrence